世界征服を夢見る嫌われ者国家 中国の狂気

習近平体制崩壊前夜

石平

ビジネス社

まえがき

日本に帰化して七年目を迎える。

晴れて日本国民の一員になってからは、おかげさまで以前に増して単行本、対談本の執筆、各種講演会におけるスピーカー、そしてコメンテーターとしてのテレビ出演など多岐にわたる活動をさせていただいている。

知ってのとおり、私の祖国である中国は習近平が最高指導者の地位に就いてから大きく変わった。前の胡錦濤、その前の江沢民が鄧小平の集団指導体制を踏襲したのに対し、中国共産党の系譜で第五世代指導者に数えられる習は毛沢東を〝範〟とするカリスマ的な指導者を目指しているからだ。

つまり、習一極体制の実現である。

言葉を換えれば強硬一辺倒路線。もっと言えば恐怖政治であろう。たとえばこのところの言論統制は胡錦濤時代の比ではなく、膨大な逮捕者数が現政権の締め付けの強さを如実に物語っている。

二〇一三年三月の全人代において習政権が誕生した時には、政治と外交は習近平国家主席が仕切り、経済分野については李克強国務院総理（首相）が腕をふるうという〝棲み分け〟があった。

しかしここにきて、リコノミクスと銘打った経済構造改革を掲げ、世界の耳目を集めた李首相の存在感は薄まる一方である。

昨年九月、象徴的な事件が起きた。リコノミクスの目玉とも言える上海自由貿易試験区の除幕式に、同試験区の生みの親でありプロジェクトを推進してきた肝心要の李首相が姿を現さなかったのだ。除幕式自体が習主席が発した贅沢禁止令に抵触するとされ、上海入りしていた李首相は泣く泣く北京へ戻ることになった。

いまや上海自由貿易試験区の主導権は李首相から習主席に移行しており、ことほど左様に習の権力基盤の増強ぶりのみが目立つ。

止まらぬ格差拡大、経済成長の鈍化、高まるいっぽうの影の銀行をめぐるリスク、くすぶる民族問題、劣悪化した環境汚染等々、切迫した課題山積のなか、これまで力量不足、経験不足ぶりを露呈してきた習近平が経済から安全保障まで横断的な権力を掌握するのはきわめて危険である。

習一極体制はわが日本にも災厄をもたらそうとしている。

国内の混乱と反乱を力ずくで抑えきれなくなったときに、国民の目を外に向かわせるため、矛先を日本に向けてくるに違いないからだ。

その時に尖閣諸島が中国の支配下におかれる可能性は否定できない。

以上のように、現在の中国は悪い方向へ悪い方向へと歩を進めており、私に与えられた役目は、そうした中国が孕む〝危うさ〟を日本の皆さんに逐一伝えることにあると任じている。

今回、かねてより私の連載メルマガ『石平のチャイナ・ウォッチ』を評価してくださっていたビジネス社唐津隆社長から、あらためて一冊の本にしてみないかとお声がけいただいた。毎回精魂込めて執筆してきた原稿をベースに、最新情報やその後の国際情勢の変化、メルマガ執筆時には気付かなかった視点を加え、大幅に加筆したものが本書である。

初めて私の本を手に取ってくださる方はもちろんのこと、従来の読者の方々にも、中国情勢や日中関係の現実をご理解いただく一助となれば幸甚だ。

石平

石平のチャイナウォッチ → http://www.seki-hei.com

■もくじ■

第1章 第二の毛沢東を目指す習近平の狂気

第2章 安倍首相の靖国参拝騒動の顛末

閑話休題

第3章 どこまでも続く共産党内の権力闘争

第4章 ネット社会が中国を潰す日

閑話休題

第5章 民と官の断絶

第6章 立ちすくむ経済

第7章 防空識別圏騒動の真相

閑話休題

第8章 薄熙来事件を総括する

閑話休題

第1章

第二の毛沢東を目指す習近平の狂気

誰の目にも明らかな中国の右傾化

二〇一二年十一月十五日に開催された第十八期1中全会において習近平は党総書記と党中央軍事委員会主席に選出された。これで胡錦濤・温家宝ら第四世代から第五世代へと完全にバトンを渡されたことになる。

第一世代（一九四九〜一九七六）**毛沢東**
第二世代（一九七六〜一九九二）**鄧小平**
第三世代（一九九二〜二〇〇二）**江沢民**
第四世代（二〇〇二〜二〇一二）**胡錦濤**
第五世代（二〇一二〜　　？）**習近平**

以上は中国の歴代最高指導者の変遷を示したものである。

中華人民共和国を樹立した毛沢東の統治下、文化大革命により国内は荒廃し、未曾有の恐怖政治で国民は苦しめられてきた。その一方で誇大な中華思想を抱く毛沢東は、国内経済が極度に疲弊しているにもかかわらず、海外に共産革命を押しつける目的から過分な支援を行い、中国を世界有数の貧困国へと導いた。

毛沢東死去後の凄まじい権力闘争を勝ち抜いた鄧小平は、中国の経済立て直しを第一に考えた。外資導入を大前提とする改革開放政策に邁進し、中華思想的な振る舞いは影をひそめた。中国共産党の一党独裁体制をより強固なものにしながらも、片方では市場経済主義を大胆に推進し国を豊かにしていくという離れ業をやってのけた。一九八九年に起きた天安門事件では世界中を敵に回してしまった鄧小平だが、彼は良くも悪くも中共中興の祖であった。

続く江沢民、胡錦濤はサラリーマン的な性格の最高指導者でお世辞にも有能とは言えなかったが、基本的には鄧小平亡き後も鄧小平路線を〝堅持〟した。江沢民、胡錦濤の時代の中国経済は凄まじい成長を続け、官僚の腐敗はじめ多くの致命的な問題を抱えながらも、曲がりなりにも中国を世界の経済大国に押し上げた。

そして、約三十年続いた破竹の経済成長が曲がり角に差し掛かった。そうした舵取りのきわめて難しい踊り場にあたる時期に国家運営を任されたのが習近平であった。

習新体制の最大の特徴は、軍国主義ともいえる異様なほどの右傾化だ。前の文革時代並みの締め付けの厳しさはまさに恐怖政治であるし、人民解放軍に対する影響力の行使、覇権主義的かつ拡張主義的な動きはかつての毛沢東路線を彷彿とさせる。

鄧小平から「韜光養晦（能ある鷹は爪を隠す）」の薫陶を受け、その精神を受け継いできた江沢民、胡錦濤とは百八十度違う習近平とは、ひとことで括るならば、きわめて危険な人物なのである。

最高指導者に就任してから時間が経つにつれ、その危険度に磨きがかかっている習近平。ここでは彼がこの一年半でどのような言説を弄し、行動をとってきたかを振り返り、その方向性の危うさを伝えたい。

連呼される「中華民族の偉大なる復興」と「中国の夢」

まずは習近平政権が誕生して以来、国内的あるいは対外的にどのような動きを取ってきたのかを振り返ってみよう。

二〇一二年十一月十五日、新総書記に就任した習近平はお披露目会見の席上、「中華民族の偉大なる復興という〝中国の夢〟の実現」というフレーズを繰り返し発した。

また、十一月二十九日に六人の政治局常務委員らを伴い北京市の国家博物館を訪問、中国近現代史の展覧会を参観した習近平は、「アヘン戦争から百七十年余りの奮闘は、中華民族の偉大な復興への明るい未来を示している」などと国民に語りかけた。その約十分という短い演説のなかで、中華民族の偉大な復興や中国の夢という言葉を合わせて二十回近く連呼した。

それ以来現在に至るまで、中華民族の偉大な復興や中国の夢云々は完全に習国家主席自身および政権の最大のスローガンとなり、キャッチフレーズとなってしまった感がある。この一点から見てみても、習近平政権は明らかにナショナリズムを全面的に打ち出し、政策理念の中核としていることがよく分かる。

私自身は中国の夢、チャイニーズ・ドリームという言葉に非常に違和感をおぼえる。これはいわゆるアメリカン・ドリームとは対極をなすものであるからに他ならない。

アメリカン・ドリームのほうはあくまで個人が摑(つか)むものであるのに対し、習近平ののたまうチャイニーズ・ドリームとは「中華民族の天下を目指せ」という偏狭な民族主義を大上段から振りかざしたもので、ドリームの意味合いがまったく逆方向を向いているからである。

一方、首相の李克強は習近平がこれでもかと唱える「中華民族の偉大なる復興という〝中国の夢〟の実現」について距離をおくというか、冷ややかな態度に終始しているようだ。

あとで詳しく述べるつもりだが、昨年の国慶節における李克強の祝辞は象徴的であった。

国営メディアが全国の宣伝機関を総動員して「中国夢」の一大宣伝キャンペーンを行い、国民への浸透を図るなか、李首相がこのキャッチフレーズに触れたのは祝辞の最後の一度だけだったのである。

李克強はじめ共青団派のテクノクラートたちの気持ちがここに集約されていると感じるのは、私だけではあるまい。

民族復興イコール強国強兵

時計の針を習近平政権誕生直後に戻そう。

二〇一二年十二月に入ると、習近平は注目すべき動きを見せた。

十二月八日と十日の二日にわたって、中央軍事委員会主席でもある彼は広東省にある広州戦区所属の陸軍部隊と海軍艦隊を視察した。

視察中の彼は陸海両軍に対して「軍事闘争の準備を進めよう」と指示するとともに、「中華民族復興の夢はすなわち強国の夢であり、すなわち強軍の夢である」と発破をかけた。

ここで彼自身が旗印にしている「民族復興」というスローガンの真意はすなわち「強国

強兵」であることを吐露したわけであった。

中国の新華通信社が習近平のこの軍視察を大きく取り上げて報道したのは十二月十二日のことだったが、翌十三日、日中間で未曾有の緊急事態が生じた。

尖閣諸島の魚釣島付近で中国国家海洋局所属のプロペラ機一機が領空侵犯したのである。中国機による日本の領空侵犯は自衛隊が統計を取り始めた一九五八年以来初めてのことであった。

習政権が誕生してからひと月余、尖閣諸島やその付近の海域で日本側がいかなる単独行動も取っていないにもかかわらず、中国側は一方的な挑発行為を執拗に繰り返してきた。

そのなかで習政権はとうとう、日本領空への初めての侵犯に踏み切ったのだ。

こうした経緯から、習近平による軍の初視察が大きく報じられたその翌日に中国機が日本の領空侵犯に踏み切ったことは、決してどこかの部門の単独行動や暴走の類のものではないことが透けて見えてくる。

むしろ習近平指導部の指揮下で行われた〝意図的〟な対日行為であり、その背景にあるのはまさに、タカ派の習政権の掲げた帝国主義的政治路線と日本敵視政策そのものなのである。

このような流れのなかで多数の中国軍機による日本の防空識別圏への侵入事件が起きた。二〇一三年一月十日の昼ごろ、沖縄・尖閣諸島北方の東シナ海。中国の戦闘機数機が日本の領空の外側に設けられた防空識別圏に侵入してきた。これはあからさまな軍事的威嚇行為だ。

前月十三日の領空侵犯は非軍用機によるものだったが、今回は中国空軍の出動となった。日本に対する習近平政権の敵視姿勢と軍事的圧力がよりいっそうエスカレートしているシグナルとも受け取れた。

領空侵犯に呼応するかのように十四日、中国人民解放軍の機関紙である『解放軍報』は一面を割いて、人民解放軍を指揮する総参謀部が全軍に対し、二〇一三年の任務について「戦争の準備をせよ」との指示を出していたことを報じた。

ここまでくると、発足して間もない習近平政権が完全にタカ派の軍国主義政権となっていることがよく理解できよう。

その前後には、中国中央テレビ（ＣＣＴＶ）などの官製メディアは連日のように日本との戦争を想定した特集番組を放送して軍事的緊張感をあおり、一部の現役の軍人たちも盛んに「対日開戦」という超過激な言葉を口にしてやる気満々の好戦姿勢を示した。その時の中国国内は、まさに対日開戦直前のような〝異様〟な雰囲気が盛り上がっていた。

このように習政権誕生以降の一連の動きを連結的に捉えてみると、習近平政権の政策理念とその目指す方向性は火を見るより明らかであろう。

要するに習政権は今後、かつてはアジアに君臨した中華帝国の復権を意味する民族の復興という旗印を掲げて、それを達成するための手段として強国強兵を進めていこうとしているのだ。

中国におけるウルトラ・ナショナリズムの色彩の強い超タカ派。これが習近平政権の紛れもない正体であると断言しておこう。

一連の動きの中で必然的に起きたレーダー照射事件

先に述べた中国国内に漂う対日開戦直前のような異様な雰囲気は、中国海軍によるレーダー照射事件を引き起こすことになる。

二〇一三年一月三十日、中国海軍の艦艇が海上自衛隊の護衛艦に対して射撃管制用のレーダーを照射した。この衝撃的な出来事が日本政府の発表によって知られて以来、日本国内では、「それは中国指導部の指示によるものか、それとも軍による単独行動なのか」についての議論が盛んに行われた。

ある向きは、中国のシビリアンコントロールは機能していないのではないかと主張した。その下敷きとなっているのが二〇一一年一月十一日に発生した人民解放軍によるステルス戦闘機テストフライト事件である。

その日、レーダーに映らないステルス戦闘機の開発に成功した人民解放軍はテストフライトを行い、その模様を中国中央テレビが実況中継した。北京を訪れていたアメリカのゲーツ国防長官（当時）がテレビでそれを見、胡錦濤との会談の席で話題にしたところ、なんと国家主席、総書記、中央軍事委員会主席の三権を掌握する胡錦濤がテストフライトの件を知らなかった。

中国における政治権力の基本構造とは、中国共産党が人民解放軍に対して絶対的な指導力を発揮して、解放軍を使って自分たちの権力・権威を守るというものだ。胡錦濤がテストフライトについて知らされていなかったということは、明らかにシビリアンコントロールの不在を意味するわけで、政治権力の構造が根本的に崩れ始めている、中国共産党の独裁指導体制に〝亀裂〟が入っていることを示唆する出来事ではないかと、世界のチャイナウォッチャーたちは色めきたったものだった。

しかしながら、このような議論をするよりも、習近平政権の性格、政権が発足して以来の中国側の一連の動きを勘案してこのレーダー照射事件の意味を考えるべきであろう。私はこの一件は決してシビリアンコントロールを無視した解放軍による単独・偶発の事件ではなく、むしろ起こるべくして起こった〝必然〟の出来事であると思う。

一月十日、多数の中国軍機による日本の防空識別圏侵入があった。

一月十九日、中国国内で対日開戦のムードが盛り上がっている最中において、中国軍の艦艇が海上自衛隊のヘリコプターにレーダー照射を行った。

そして一月三十日、今度は海自の護衛艦に対して中国海軍のフリゲート艦による照射が行われた。それを鼓舞するかのように軍総参謀部による戦争準備の指示があり、一部の現役軍人による対日開戦論の吹聴があった。

こうした一連の流れのなかでレーダー照射事件が起きたのだから、それはどう考えても、党指導部の知らないところで行われたような、一部の軍人による単独行為でもなければ軍の暴走であるわけもない。

軍の総参謀部も「開戦論」の現役軍人たちもレーダー照射を行った現場の中国軍艦艇もすべて、習近平総書記を頂点とする党中央軍事委員会の指揮下で行動していると見てよい。暴走しているのは解放軍ではなく、まさに習近平その人なのである。

中国メディアは事あるごとに「第二次安倍政権になってから、日本は極端に右傾化している」と攻撃し続けているのだが、私はその台詞をそっくりそのまま習近平政権に投げ返したい衝動にかられる。

いったいどちらの国がより右傾化しているのか。それは火を見るよりも明らかなのだから。

画餅に終わった防空識別圏の設定

鄧小平時代から受け継がれてきた「韜光養晦（とうこうようかい）」路線とは、言葉を換えるならば、国際社会のルールに同調し、外交で自分勝手なふるまいを慎む、中華主義的な精神を外に向けて発信するのを自重するものであったが、習近平政権はそれを無視し続け、いわば脱・韜光養晦路線を歩んできた。

二〇一三年における習近平政権の脱・韜光養晦路線のきわめつけがあの「防空識別圏」の設定であった。

その詳細については第七章で報告するつもりだが、ここでは中国の傍若無人ぶりが招いた大失態をメインに解説してみたい。

中国政府による東シナ海上空における防空識別圏の設定の発表はあまりにも突然だった。

二〇一三年十一月二十三日、午前十時。防空識別圏の設定発表と同時にその施行が宣言された。

遡ってみれば、同月二日の『環球時報』にそれを匂わせる記事が掲載されていた。解放軍将校・賀芳の論文で、尖閣諸島周辺における日本側の挑発的行為の抑止を理由にして防空圏の設定を提言したものであった。

その三週間後に実際に防空識別圏の設定が発表されたのだから、軍が主導的な役割を果たしていることは明白である。おそらく一部の軍人たちが「そうすれば日本を窮地に追い込むことができる」と進言し、領土問題でいっさい譲歩しない安倍政権に業を煮やした習近平国家主席がそれを聞き入れて実行を命じたのであろう。

だが、中国は日本を窮地に追い込むどころか、東アジアの国際秩序に神経を尖らすアメリカの反発を招いてしまった。

三日後、アメリカ側は中国空軍の識別能力を見下したかのように、大型爆撃機二機を中国が設定した防空識別圏内で飛行させた。おそらく米軍と連携したのだろう、日本の自衛隊機も防空圏の中に深く進入したと発表された。

こうした侵入？　に対し、中国空軍は警告や緊急発進などのしかるべき措置をいっさい取ることなく、米軍機と自衛隊機の動きをただ指をくわえて見守っただけであった。

この事実は、中国の防空圏の設定はまったくの〝画餅〟であることを世界に知らしめることとなった。要は、中国政府と解放軍は、世界中が注目するなかで前代未聞の大失態を演じてしまったのだ。

ようやくその三日後、中国は国営メディアを通じて「緊急発進（スクランブル）した」と発表したが、日本側はそれを完全否定した。おそらく中国側は発進しなかったことに対する国内の批判が高まるなかで、最低限の体面を保つために嘘の発表をしたのではないかと思う。

防空識別圏の設定は当初、日本のみに照準を当てていたと思われる。中国政府はこれはあくまでも対日問題だと強調して、アメリカを関係のない第三者の立場に封じ込めようとしたフシがあった。

防空識別圏の設定に日米両国が反対の声を上げたのに対し、中国国防省の楊宇軍報道官が「アメリカがこの問題で不当な言動を控え、日本の冒険的性質を助長する誤ったシグナルを送らないよう望む」と発言したことも彼らの思惑を端的に示していた。

しかしその後の安倍晋三首相とバイデン米副大統領との会談からもわかるように、アメリカ政府はむしろ、自分たちが確固たる当事者だと認識していた。中国の防空識別圏には戦闘機訓練のために日本政府が在日米軍に提供している沖縄北部訓練区域の一部が含まれているからだ。

日米同盟を基軸にアジアにおける中国の覇権樹立を阻止しようとする長期戦略からすれば、アメリカはこの地域における中国の勝手な冒険を許すわけにはいかない。

中国はまさに、アメリカの断固とした意志と覚悟を完全に読み違え大きな失敗を犯したことになる。

そして、この前代未聞の大失敗と失態は、中国政府と習近平指導部に計り知れない大きなダメージを与えることとなるはずである。

この一件で中国の国際的威信が完全に失墜しただけでなく、習近平国家主席自身がかつて熱望していた、米オバマ政権との「大国間信頼関係の構築」はもはや水の泡と化したからである。アジアでは、日本はもとより友好国の韓国までアメリカと同調して中国の防空圏設定に反対することになったことから、孤立化したのはむしろ中国の方であった。

その一方、中国にとって目障りであるはずの日米同盟・米韓同盟は、皮肉にもよりいっそう強化された。

さらに国内的には、自国の防空識別圏が米軍機らに荒らされて手も足も出なかった政府の「弱腰ぶり」が国民の目の前にさらされたことで習主席の指導力の低下は否めなかった。

参考までに後日、時事通信香港支局が報じた記事を付記しておこう。

……【香港＝時事】香港誌・亜州週刊は中国中央軍事委員会に近い消息筋の話として、東シナ海の防空識別圏（ＡＤＩＺ）設定は四ヵ月前に習近平国家主席が決断したと伝えた。同誌によると、東シナ海の防空識別圏設定はかなり前から人民解放軍が提案していたが、共産党指導部は取り上げていなかった。習主席はこの決断に関連して、東シナ海をめぐる日中関係は「資源の争いから戦略的争いに変化した」との見解を示したという。この消息筋は東シナ海の防空圏に関して、中国艦艇が外洋に出る際に通過する宮古海峡をにらんだものと指摘した……

強硬路線に転換された新疆ウイグル自治区運営

現在の習政権においては、毛沢東時代の文革並みに締め付けが厳しい恐怖政治が敷かれているわけだが、本年の春節を迎える直前、まさに毛沢東の文革を彷彿とさせる粛清を世界は目の当たりにした。

春節前の一月二十四日、中国の新疆ウイグル自治区トクス県で残忍な射殺事件が起きた。

政府当局の発表では、爆発事件の捜査をしていた公安警察が爆発物を投げつけられ、警官一人が軽傷を負った。それに対し、警官隊は六人の暴徒を射殺し、さらに六人のウイグル人を拘束した。そして警官らに追いつめられて、別の六人のウイグル人が自爆して死亡したという。

要は、警官一人が軽傷を負った程度の爆発事件で十二人のウイグル人が命を失うことになった。これはどう考えても、圧倒的な武力を持つ当局による、度が過ぎた虐殺ではなかったのか。

このような虐殺が起こった背景には、同月初旬に習近平国家主席が行った内部講話があった。

一月二十三日付の香港紙『明報』によると、習主席は同講話の中で、これまで自治区トップが推進してきた「柔性治疆」（柔軟に新疆を統治する）の政治路線から「鉄腕治疆」（強硬路線）への転換を指示したという。それが事実なら、前述の虐殺事件は、まさに習主席の指示が貫徹されるなかで起こるべくして起きたものだ。

実は少数民族問題への対応だけでなく、国内のあらゆる反対勢力に対し、習政権は容赦のない厳しい弾圧を加えている。

たとえば昨年十一月二十六日に懲役四年の実刑判決を受けた新公民運動活動家の許志永（きょしえい）

の場合、政権転覆の意思などはまったくなく、単に公民としての権利を求めただけである。穏健派といわれる彼までが弾圧の対象となったことは、習政権が行う弾圧の峻烈さを物語っている。

まさに毛沢東の「文革」を彷佛させる粛清運動がいま展開されているのだ。

先の胡錦濤政権時代には、「協調社会の建設」のスローガンの下で、反対勢力を取り締まる際には、対立の拡大を避けて弾圧を必要最小限にとどめる「バランス感覚」が一応あったように思う。だが、いまの習政権となると、協調よりも対決が基本的姿勢となって、無鉄砲な強硬一辺倒路線がまかり通っている。

それは逆に、共産党政権自身の首を絞めることとなろう。ウイグル人に対する残忍な虐殺は彼らの政府当局に対する憎しみを増幅させ、抵抗運動のいっそうの激化に火を付けてしまうからだ。

民間の人権運動などへのむやみな弾圧は結局、心のある知識人全員を敵に回してしまい、穏健な改革を望む人々までを激しい反体制派へ変えていくこととなろう。

習主席のやっていることは結果的に、政権にとっての敵を増やしていくばかりだ。前述の許志永の場合も、いまは穏健派である彼が四年後に出獄したとき、過激な革命派となっている可能性は大であろう。

つまり習主席の強硬一辺倒路線はむしろ、反対勢力のよりいっそうの拡大と、政権と民衆との対立の先鋭化をもたらす結果となるが、その行き着くところはすなわち「革命」の発生である。

歴史的に見ても、政権末期になると、権力者が余裕を失ってむやみな強硬路線に傾倒していくことがよくある。一方では、権力者の強硬一辺倒路線が逆に反乱と革命の機運を作り出し、政権の崩壊を早めるのも歴史の常である。

猪突猛進中の習主席はすでにこのような出口のない袋小路に突入しているように見える。

心配なのは、対日外交においても同じ強硬一辺倒路線を突き進める習政権が、国内の混乱と反乱を力ずくで抑えきれなくなったときに、国民の目を外に向かわせるため、矛先を日本に向けてくることだ。

安倍政権に対する中国の全面対決の姿勢はその前兆であるかもしれない。習政権の暴発を防ぐために、日本はこれからあらゆる備えを固めていくべきだ。

韜光養晦（とうこうようかい）路線を逸脱する強硬外交

習近平政権の強硬一辺倒の路線は国内政策だけにとどまらない。外交面においても習主席の進める政策は猪突猛進型の強硬さを最大の特徴としている。

言わずもがなだが、その典型が「尖閣問題」をめぐっての対日姿勢である。

日本政府が尖閣諸島の国有化に踏み切ったのは二〇一二年九月のことであったが、この年十一月の習政権発足以来、中国側の一方的な挑発がエスカレートしてきていることは周知の通りだ。

中国公船による日本の領海侵犯はほぼ日常化してしまい、有人・無人機の領空侵犯も幾度かあった。昨年一月には中国海軍が日本の海自艦船に対し、レーダー照射の実施という危険極まりない挑発行為に及び、同年十一月、中国政府は東シナ海上空の航空の自由を勝手に制限する防空識別圏の設定を発表した。

そしてこの年の年末に安倍晋三首相が靖国神社に参拝すると、中国は安倍首相のことを「安倍」と呼び捨てにして全面対決の姿勢を鮮明にした。こうした強面外交の矛先は南シナ海周辺の東南アジア諸国にも向いている。

特に本年に入ってから、中国が南シナ海における各国の漁業活動への恣意的な規制を一方的に発表したり、ベトナムの漁船を破壊したりして傍若無人さを増している。

それに対し、フィリピンやベトナムなどの関係国が猛反発して中国との対立姿勢を強めているが、フィリピンのアキノ大統領に至っては、いまの中国を第二次世界大戦前のヒトラー政権になぞらえて批判した。

こうした中で、米中関係も溝が深まる一方だ。

昨年六月、習主席が訪米してオバマ大統領との長時間会談に臨んだとき、米中は歩み寄って「大国関係」の構築を模索した痕跡もあったが、この年の十一月に中国が前述の防空識別圏の設定を発表すると、アメリカの習政権に対する不信感が一気に高まった。

中国がさらに南シナ海上空への防空識別圏拡大をたくらもうとすると、アメリカはよりいっそう不信感を募らせた。

しかし、習政権はそれでも挑発をやめようとはしない。昨年十二月には中国海軍が米国海軍のイージス艦の航海を妨害するような際どい行動に出たかと思えば、本年一月、中国政府は米ニューヨーク・タイムズの記者に対して事実上の国外追放に踏み切った。

とにかく何でもかんでもアメリカに噛みつこうとする、かつての紅衛兵の振る舞いを彷彿とさせるような、乱暴にして無謀な外交姿勢である。

ここまでくると、さすがのオバマ政権も堪忍袋の緒が切れた。米国務省は中国の防空識別圏拡大に関し「緊張を高める挑発的で一方的な行為とみなす」と改めて警告した。

ケリー国務長官も訪米した岸田文雄外相との会談において、中国の防空識別圏設定に対し「受け入れられない」との方針を確認する一方、「地域の平和と安定のために日米韓連携は重要だ」とも強調した。

地域の平和と安定のための日米韓連携とは、北朝鮮と中国の両国を意識した発言であることは明らかだ。どうやらオバマ政権はすでに、中国の存在を地域の平和と安定を脅かす要素だと認定しているようである。

胡錦濤政権時代、中国は鄧小平遺訓の韜光養晦（とうこうようかい）戦略の下で「平和的台頭」を唱えて、柔軟かつ老獪に実利中心の外交を進めていた。

だが現在の習近平政権になると、平和的台頭は死語となってしまい、中国外交の持ち味の老獪さと柔軟さも影を潜めた。

その代わりに、なりふり構わず後先考えずの紅衛兵式強硬一辺倒の「戦闘外交」が目立つようになった。それは中国自身にとって幸か不幸かはさることながら、日本としては、このような中国の外交路線の暴走に巻き込まれてはならない。

時代錯誤極まる毛沢東の猿真似

スペインの作家、セルバンテスが著した『ドン・キホーテ』の中で、騎士気取りの主人公が風車に突撃するシーンがある。滑稽にして悲哀にも思える名場面だ。

中国国家主席、習近平の行いを見ていると、彼のやっていることはことごとくドン・キホーテと風車との闘いに似ているような気がする。習近平が一昨年十一月の総書記就任以来、全力を挙げて闘いを挑む相手の一つは共産党と政府内部の腐敗であった。

腐敗を根絶しなければ国が滅ぶという切実な危機感の下、習主席は「ハエもトラも一掃する！」との大号令をかけた。

だが、汚職幹部の筆頭だった上海閥（江沢民派）の劉志軍（りゅうしぐん）元鉄道相を極刑に処することもできなかったことや、その上の「大物トラ」に摘発の手が及ばなかったことなどから、鳴り物入りの腐敗撲滅運動も最近では「トラがハエを払う運動」だと揶揄され、早々に限界を露呈してしまった。

だが、実際に腐敗し切っているのは習主席自身の権力を支えている幹部組織そのものだ。したがって、この得体の知れぬ風車への突撃は最初から勝ち目などない。

本来、腐敗撲滅の唯一の方法は一党独裁体制にメスを入れることである。しかしながら、中国共産党のレーゾンデートルとはもはや共産主義を貫くことではなく、共産党一党独裁を維持していくことのみにあるわけで、それは自殺行為にほかならない。

習主席が渾身の力を絞って闘おうとするもう一つの風車は、ネット世論とネット世論によって代弁されている人々の自由な思考ということになる。

昨夏以来、習指導部は官製メディアと警察力を総動員してネット上の反体制的世論に対する掃討作戦を展開してきた。ネットへの検閲を強化しながら多くのオピニオンリーダーの拘束・逮捕に踏み切った。

その一方で習政権は、知識人たちが求める普世価値（民主・自由・人権などの普遍的価値）を西側の陰謀思想だと決めつけ、攻撃の集中砲火を浴びせている。

しかしながら皮肉にも、その成果は実に散々なものだ。五億人以上にもおよぶネットユーザーがいるこの国では、いわゆる五毛党を総動員してネット上の発言をいくら検閲しても検閲し切れないし、いくら削除しても削除し切れない。いまでも、ネット言論の世界は依然として反政府一色である。

そして、政権による言論弾圧には身内の中央党校からも批判の声が上がっている。昨年には百二十九人の民間弁護士が弾圧される人々を守るための人権弁護団を堂々と結成して、政権と正面から対抗する壮挙に打って出た。

習主席のやっていることはむしろ反対勢力の結集を促して政権への求心力をよりいっそう弱める結果となっていることから、最高指導部のなかでも最近、彼の風車との闘いに嫌気がさして別の道を歩もうとする動きが出ている。このままでは習主席は天涯孤独の「笑い物騎士、ドン・キホーテ」となってしまうかもしれない。

ドン・キホーテの滑稽さは、騎士の世がとっくに終わったのに自分一人だけが本物の騎士になりきろうとしたことにある。

習主席も同じだ。就任以来、彼はあらゆる場面で年代物の毛沢東思想を持ち出したり、毛沢東の名言や格言を引用したりして毛沢東気取りをしてきた。

その腐敗撲滅運動の手法は、毛沢東の整風運動の〝猿真似〟でしかなく、言論への弾圧も毛沢東の文革を彷彿とさせるものでしかない。つまり彼は、毛沢東的なカリスマと強権政治がもはや存続し得ないいまの時代において、毛沢東になろうとしているのだ。

これはドン・キホーテ流の騎士妄想そのものである。

ましてや、民主、自由、人権などの世界共通の普遍的価値に矛を向けようとするとは、その時代錯誤はすでに限度を超えている。

閑話休題

欧州歴訪で尊大な態度に終始した習近平

今年三月下旬、習近平国家主席はオランダ、ドイツ、フランス、ベルギーの四ヵ国を訪れた。就任後初の欧州歴訪である。

その間の習主席の言動と中国内の報道を見ていると、どうやら中国側はこの欧州歴訪に「親善外交」とはかけ離れた別の意味合いを持たせようとしているように見える。

中国内の報道が強調していることの一つは、習主席が訪問先各国で「破格の最高格式の礼遇」を受けた点だ。報道だけみれば、あたかも、各国の王室や政府首脳が一斉に習主席の前にひれ伏し、この大国元首を恭しく迎えたかのような論調であった。

習主席の振る舞いも尊大なものである。オランダとベルギーの国王が開いたそれぞれの歓迎晩餐会において、彼は一般的外交儀礼を無視して、中国式の黒い人民服を着用して臨んだ。

そして、フランス大統領との会談で習主席は「中国の夢はフランスにとってのチャンスだ」と語り、ドイツで行った講演では「ドイツは中国の市場をなくしてはいけない」と強調した。

あたかも中国が欧州の〝救世主〟にでもなったかのような物言いであった。

ベルギーでの講演では習主席は、立憲君主制や議会制などの政治制度を取り上げ、そのいずれもが「中国の歩むべき道ではない」と述べた。

つまり彼は、世界史上いち早く上述の政治制度を整えた欧州諸国の先進性を頭から否定した上で「中国はあなたたちから学ぶことはない」と宣したのである。

歴訪中このように習主席は欧州への対抗意識と欧州に対する優越感を自らの言動に強くにじませた。

問題は、欧州と対抗しなければならない現実の理由が何もない今の中国がなぜ、各国に対し、このような〝奇妙な〟対抗意識をむき出しているのかである。考えてみれば、唯一の理由はやはり歴史である。

つまり、かつての西洋列強にさんざん苛められ、屈辱の近代史を経験した中国としては、自国の国力が増大し欧州諸国を凌駕している今こそ、屈辱の歴史への意趣返しとして、欧州を上から見下ろしてやりたいのだ。

実際、訪問先のベルリンで習主席が「アヘン戦争以来列強によって奴隷扱いされた歴史の悲劇」に触れたのも、中国は決して歴史の屈辱を忘れていないことの証左であろう。

そしてフランスで行った講演の中で、習主席は、かつてナポレオンが中国（清）のことを「眠れる獅子」と評したことを逆手にとって、「中国という獅子は既に目覚めた」

と高らかに宣言した。

このとき、おそらく彼自身とその随員たちは、この度の欧州歴訪が、まさに歴史への清算を果たした「雪辱の旅」となったことを実感していたのであろう。

結局、経済面など実利の視点から中国と仲良くしようとする欧州諸国の外交志向とは一味違い、中国の方はむしろ歴史の怨念を心の中で連綿と引きずり、歴史の清算を外交政策の根底に置いている。

それはまた、習主席自身が提唱してやまない「民族の偉大なる復興」の政策理念の隠されたテーマの一つだ。

もちろんその際、中国にとっての清算すべき歴史は、欧州とのそれだけではない。彼らからすれば、近代史上、中国をひどい目に遭わせた国はもう一つある。そう、東洋の日本なのである。

だからこそ、習主席は訪問先のドイツで何の脈絡もなく日本との歴史問題に触れ、何の根拠もない「南京大虐殺三十万人」を言い出したわけだ。

「欧州征服」を果たした後、彼らにとっての次の雪辱の対象は、やはりこの日本をおいて他にない、ということである。

第2章

安倍首相の靖国参拝騒動の顚末

靖国参拝を問題視するのは中韓のみという事実

昨年十二月二十六日に安倍晋三首相が靖国神社を参拝した。私はこの英断を心より評価する一人であり、こうした指導者を持った喜びを日本人として感じた次第である。

討論会などに出席してよくテーマに挙げられる「日本の首相の靖国参拝」だが、私自身は次のように結論付けている。

「太平洋戦争において関係したアジア諸国はインドネシア、フィリピン、ベトナム、ミャンマー、マレーシア、タイ、シンガポールなど多数におよぶが、首相が靖国参拝して嚙みついてくるのは中国と韓国の二国のみである。異質なのはこの二国のほうではないか」

「首相が参拝すれば中国・韓国との関係が悪くなるので行くなという声がある。けれども、それでは首相が靖国に行かなければ日中、日韓関係が改善するかと言えば、そうとは限らない。現に安倍首相は昨年の『春の例大祭』にも八月十五日の『秋の例大祭』にも行かなかったが、関係は冷え切ったままだ」

「韓国の前大統領の竹島上陸、中国の防空識別圏設定を見てもわかるように、日本側が中国・韓国をいくら配慮、忖度(そんたく)しても、中国・韓国は日本に対してなんら配慮、忖度しない。

これはきわめておかしいことではないか」

中国・韓国は好き勝手のやりたい放題なのに、昨年十二月二十六日、安倍首相が「英霊たちに政権の一年間を報告し、不戦の誓いをするため」に靖国神社に参拝すると、案の定、猛反発に出た。

以下は、安倍首相の靖国参拝をめぐっての中国の攻勢をトレースするとともに、それがいかに誤った状況判断と浅薄な思い込みの上で行われたものであったかを示すレポートである。

参拝当日に中国外務省は抗議の談話を発表。同時に、王毅（おうき）外相は木寺昌人駐中国大使を呼びつけ、「国際正義への公然たる挑発で、人類の良知を勝手に踏みにじるものだ」と強く抗議した。

同じ日に中国の程永華（ていえいか）駐日本大使も、日本の外務次官と会談して同じ口調で「厳重抗議」を行った。

二日後の二十八日、今度は中国外交の最高責任者である楊潔篪（ようけつち）国務委員（副首相級）が、「中国政府と人民、国際社会から強烈な反対と厳しい非難を受けるものだ」と批判する談話を発表した。外相より格上の国務委員が抗議談話を発表したことは、中国が最大級の「抗議カード」を切ったことを意味する。

もちろん、尖閣問題をめぐる日中間の対立が続くなかで、安倍首相の靖国参拝に対し中国側がこのような反応を示すのは想定内ではある。

だが、それから中国政府の取った一連の行動はまったく意外なものとなった。最大限の猛抗議を行った数日後、中国政府は自国だけの抗議にとどまらず、アジアや世界の各主要国と連携して日本に対する〝包囲作戦〟を展開する動きを見せたからである。

安倍政権の「中国包囲網外交」に悩んできた中国

十二月三十日、中国の王毅外相はロシアのラブロフ外相と電話で協議し、安倍首相の靖国参拝について意見を交わした。

中国側の発表によると、王外相はラブロフ氏に対し「安倍首相の行為は平和を愛する国家と人民の警戒心を高めた」と述べた上で、「世界の反ファシズム戦争に勝利した国、国連安全保障理事会常任理事国として、戦後の国際秩序の維持のため共同で対処する」よう呼びかけた。

同じ日に、王外相はドイツやベトナムの外相とも電話会談して日本に対する共闘の呼びかけを行った。

そして翌三十一日、王外相は韓国の尹炳世外相とも電話協議した。そのなかで王外相は「中韓は安倍首相の行為を厳しく非難した。われわれの反応は正当だ」と発言して韓国との連携を強調してみせた。

同日、中国外務省の華春瑩副報道局長は定例記者会見において、「韓国側と連携して歴史の正義を守る」と述べたが、それは、王外相の発言よりも一歩踏み込んだ、より露骨な対日共闘要請であった。

いわゆる靖国問題を材料に主要各国を巻き込んで「日本包囲作戦」を展開して行こうとする中国の思惑はよくわかるが、問題は、中国が一体どうして、日本との全面対決も辞さず、このような作戦の展開に踏み切ったのかということであろう。

そこにはおそらく、二つの大きな理由があると思われた。

理由の一つは、中国はこれまでずっと、安倍政権の展開する「中国包囲網外交」に悩まされてきたからだ。発足以来、安倍政権は対中包囲網の構築を強く意識したアジア外交と世界外交を展開して来ている。

それが大きな成果を上げて日本の国際的立場を大いに強化した一方、包囲網が徐々に出来上がっていくなかで中国は孤立感を深めた。

こうした状況下、安倍首相は昨年末、突如として国際的にも異議の多い靖国参拝に踏み切った。

切歯扼腕してきた中国からすれば、それこそ安倍政権の中国包囲網外交に反撃する絶好のチャンス到来と受け止めたのであろう。

中国を勇気づけた米国の失望声明

日本包囲作戦を中国政府に踏み切らせたもう一つの要因は、アメリカ政府の態度だった。安倍首相の靖国参拝当日の二十六日、アメリカ政府は在日米国大使館を通じて「日本の指導者が近隣諸国との関係を悪化させるような行動を取ったことに失望している」との声明を発表した。

アメリカはこれまで小泉首相を含めた日本の首相の靖国神社参拝に公式に反対したことはなく、今回声明を出して批判したのは極めて異例の対応であった。

そして同じ日に、欧州連合（EU）のアシュトン外務・安全保障政策上級代表も声明を発表、「地域の緊張緩和や中韓両国との関係改善の助けにならない」と、安倍首相の靖国参拝を批判した。

このように国際的に大きな影響力を持つアメリカ政府とEUが軌を一にして安倍首相の靖国参拝を批判したことは中国政府を大いに勇気づけた。

かつて小泉首相の靖国参拝時、中国の猛反発に同調したのは韓国くらいであったが、今回は日本の同盟国であるアメリカと世界の主要国家連合であるEUが批判の列に加わったわけで、中国にとっては〝望外〟な驚喜であったに違いない。

日本に反撃する千載一遇のチャンス到来と中国側は捉えたはずだ。

そして、その反撃の第一弾として放たされたのはすなわち、十二月三十日に行われた王毅外相とロシア、ドイツ、ベトナム外相など各国外相との電話会談であった。

もちろん、「対日包囲網」の遂行において、中国が最も気になるのはアメリカの反応である。そもそもこの作戦のきっかけを作ったのはアメリカ政府の「失望声明」であったことは上述の通りであるが、中国からすれば日本の同盟国であり世界で最も強い影響力を持つアメリカが中国の立場に同調してくれるのならば、作戦の成功はもはや保証されたも同然と考えていたに違いない。

動かなかった米国世論と政府

中国は日本包囲作戦を展開するなかで何よりも「対米工作」を重視した。

実際、安倍首相の靖国参拝に対して、批判の先頭に立って活発な動きを見せたのは中国の駐日大使でなく、駐米大使の崔天凱（さいてんがい）であった。

崔大使が日本批判の口火を切ったのは本年一月三日。新年早々の記者会見で彼は靖国問題を取り上げて、「安倍氏は歴史を書き換え、再度軍国主義の道を歩みたいと考えている」と述べた。

かつて日本軍国主義と戦ったことのあるアメリカで、このような発言をした狙いは明らかに、アメリカ国民とアメリカ政府を刺激して「反安倍・反日」へと誘導するためであった。

台湾の中央通信社が一月四日に掲載した記事によると、崔大使は記者会見のなかでさらに、「安倍首相の考えはアメリカの立場とも合わない」と言って露骨な日米離間を図った一方、「同盟国であるかどうかは関係なく、大国として責任ある対応をとってほしい」と示して、日本に圧力をかけるようアメリカ政府に求めた。

それから一週間後の一月十日、崔大使は米紙ワシントン・ポストに寄稿し、「中国やアジアの多くの国の人々を深く傷つけた」として、安倍首相の靖国参拝を改めて批判した。

さらに一週間後の十七日、今度は米公共放送（PBS）のインタビューにおいて「日本は戦後の国際秩序に本気で挑もうとしている」と非難した。

このように崔大使は、本来なら日中間のテーマであるはずの「靖国参拝問題」を、アメリカで頻繁に持ち出して日本への誹謗中傷を執拗に繰り返す有り様であった。それは明らかに、アメリカ世論と政府を動かして中国の企む「対日包囲網」に加わるよう誘導していくための工作と思われた。

しかし大使自身と中国にとって大変残念なことに、この「誘導作戦」はほとんど何の成果も上げなかった。崔大使があれほど躍起になってアメリカ国民とアメリカ政府を相手に日本批判を展開しても、オバマ政権の高官の誰一人も彼の日本批判に同調した痕跡はないし、ケリー国務長官はロシア外相のように中国外相との電話協議に応じた気配もない。

崔大使がアメリカで行っている一連の日本批判は、観客のいない一人芝居のような寂しいものに終わっているのである。

それどころか、中国を勇気づけた例の「失望声明」を出してからまもなく、アメリカ政府の態度は徐々に日本にとって有利な方向へと変わっていったのである。

オバマ政権の本音を読み違えた中国

その変わり目は、十二月三十日に行われた米国務省のハーフ副報道官の記者会見であった。ハーフ副報道官は、安倍首相の靖国参拝直後に米大使館が「失望した」と声明を出したことに関して、それは靖国参拝そのものに対してではなく、日本と近隣諸国との関係悪化に対する懸念であると述べた。

彼女はさらに、「日本は同盟国であり、緊密な連携相手だ。それは変わらないだろう」と語り、日米関係に変化はないとの考えを示した。

ハーフ副報道官のこの発言は実に重要な意味を持つものであった。

それはまず、アメリカ政府の表明した「失望」は決して靖国参拝そのものに対する批判ではないと明確にすることで、中国政府の行う靖国参拝批判と一線を画した。アメリカ政府が中国の靖国批判に同調しないことの意思表明でもあった。

その上でハーフ副報道官は「日本との同盟関係に変わりがない」と強調して、日米の離間を図る中国を牽制した。

同日、王外相が対日包囲網構築のため躍起になって多数の国々の外相に電話協議攻勢を仕掛けていたことから考えれば、ハーフ副報道官による上述の態度表明は、中国の危うい動きを察知しての措置であるとも理解できよう。そしてそれは結果的に、中国の企みを挫折させる大きな力となった。

なるほど安倍首相の靖国参拝直後に、アメリカ政府は確かに大使館を通して「失望した」という前代未聞の声明を出して、安倍首相の行動を批判した。

しかしそれは決して中国に同調するような批判でもなければ、中国に日米同盟の離間を図るチャンスを与えるような批判でもなかったのだ。

まさしくハーフ副報道官の指摘した通り、それは単に、日本と中国・韓国などの近隣諸国との関係悪化を憂慮しての懸念表明であって、それ以上でもそれ以下でもないのである。

アメリカはなぜ、日本との近隣諸国との関係悪化を憂慮しなければならないのか。それこそ日本国内外の多くの有識者たちが指摘しているように、山積する国内問題やシリア問題への対応で精一杯のオバマ政権としては、東アジアで緊張が高まり衝突が起きるような事態を何よりも恐れているからに他ならない。

つまり、東アジアの安定を望むその思いこそがアメリカ政府の日本に対する「失望声明」の根底に横たわっていたのである。

しかしよく考えてみれば、まさにこの思いと同じ理由から、オバマ政権は決して日本との関係悪化も望まないはずである。

と言うのも、仮に両国関係が悪化して日米同盟が動揺してしまうような事態となれば、それこそアジア地域の安定を脅かす最大の不安要素となるからだ。

したがってオバマ政権は、いわゆる靖国問題で日本との同盟関係に亀裂を生じさせるような愚行に及ぶようなことはしないだろう。逆に、日米関係を動揺させるような誤解が広がる事態となれば、むしろアメリカ政府が急いでそれを解消し、日本との同盟関係を正常の軌道に乗せていかなければならない。

前述のハーフ副報道官の発言は、まさにオバマ政権のこうした努力の〝一環〟であると理解すべきであろう。

ところが、一方の中国はまるきり、オバマ政権の本音を読み違えてしまった。アメリカ政府の「失望声明」を千載一遇のチャンスだと思い込み、それに乗じて日米同盟の離間に重点をおいた「日本包囲作戦」を展開することになったわけだが、誤った状況判断と浅薄な思い込みの上で策定した代物であるが故に、最初から成功する見込みはなかったのである。

韓国の離脱

実際、前述のハーフ副報道官の記者会見以降、中国の作戦は見る見るうちに色あせていった。

挫折はまず、十二月三十一日に行われた中韓外相の電話会談から始まった。

中国の発表では、王毅外相が会談で「中韓は安倍首相の行為を厳しく非難した。われわれの反応は正当だ」と発言し、尹炳世外相が「参拝に反対する韓国政府の厳しい立場」を表明したとの内容だったが、これに対し、韓国の発表文は「最近の北東アジア情勢など関心事を協議した」と述べるにとどまり、関連部分の具体的内容を明らかにしなかった。

韓国の聯合ニュースはこの会談に関して「日本との歴史問題をめぐり、王外相が韓国側に連携を呼び掛けたとの見方があるが、韓国政府は『国ごとに対応する問題』との立場だ」と解説した。

その上で「韓国政府は日本と協力する分野もあり、韓米日の協力の必要性もある」とし、「歴史問題で中国と全面的に連携するのは望ましくないというのが政府内外の雰囲気だ」とも伝えた。

このように、中国の「日本包囲作戦」はその出端から躓いてしまった。そして年明けの一月七日、アメリカで行われた米韓外相会談の結果によって、中国はよりいっそうの挫折感を味わうことになった。

この会談の内容に関して、韓国の尹炳世外相は会談後、「歴史問題が地域の和解と協力を進める上での障害になっている」と語り、安倍首相の靖国神社参拝で冷え込む日韓関係を取り上げたことを明らかにしたが、一方、ケリー米国務長官は会見で日韓関係についていっさい触れなかったし、安倍首相の靖国参拝に対する批判も行わなかった。

つまりアメリカ政府は、前述のハーフ副報道官の発言をもっていわゆる靖国問題に終止符を打ちたいという考えであり、それを韓国側にもしっかりと伝えたわけである。

こうしたアメリカの態度の影響か、同盟国として日本以上にアメリカに傾倒する韓国は、この日の米韓外相会談の前から、安倍首相の靖国参拝に対する批判のトーンをすでに下げ始めていた。韓国側のこの変化をいち早く察知したのは実は中国のメディアであった。

一月六日、共産党機関紙の人民日報と同系列の環球時報は、「朴槿恵大統領に異変⁉日本批判をトーンダウン」とする記事を掲載して韓国政府の〝豹変〟を嘆いて暗に批判したが、もはや後の祭りであった。

中国が対日共闘の重要国として大いに期待していた韓国はついに、中国との共同戦線から離脱した。

ロシアに辛酸を舐めさせられた習近平

中国の対日作戦の頓挫はもちろんそれだけではない。

昨年十二月三十日に中国の王外相が展開した電話協議作戦において、中国にとって一番の成果となったのはロシア外相からの反応であった。

中国側の発表によると、王毅外相の行った靖国参拝批判に対し、ロシアのラブロフ外相は「ロシアは中国の立場と完全に一致する」と述べ、さらに「日本が誤った歴史観を正し、地域の緊張を激化させる行動をとらないよう促す」と言及したという。

中国外相が電話協議した各国の外相のなかで、それほど明確な表現をもって中国の日本批判に同調したのはラブロフ外相をおいて他にはいなかった。中国との共闘を明確に表明したのもロシアであり、中国の「日本包囲作戦」が挙げた唯一の具体的な成果でもあった。

しかし本年一月半ばになると、この唯一の成果は早くも水泡と化した。

まずは一月十七日、日本政府は安倍首相のロシア訪問を発表し、ロシアが主催国のソチ五輪閉幕式への安倍首相の参加（実際には開会式に参加）も調整することとなった。そしてロシアのラブロフ外相は一月二十一日にモスクワで記者会見し、プーチン大統領が安倍晋三首相の招待を受諾し、本年秋に日本を訪問すると語った。

つまり日露両国は今後引き続き、自らの国益に沿って関係強化を進めることになっていくわけだが、中国の提起した靖国参拝問題は、日露両国の関係強化の妨げになるようなことはなかった。

例の電話協議で、ロシアの外相は一応中国の面子を立ててそれに同調するふりをしながらも、実際の外交行動になると、ロシアはロシアの国益に沿って動くだけである。

中国が何を言おうと、日露関係は予定通りに進むこととなる。冷徹な国際政治の力学の前で、中国の虫のよすぎる日本包囲作戦の企みは何の効果もなかった。

もっとも習政権がロシアに裏切られたのはこのときだけではない。

実は習近平主席が中国の最高指導者として初の外遊先に選んだのがロシアであった。中国外務省によると、訪露の目的は、ロシアと協力して「日本包囲網」を形成することだと示されていた。

具体的には、尖閣諸島問題が念頭にあったようだ。ロシアもまた日本を相手とする北方領土問題を抱えているからだ。

習近平としては、「反ファシスト戦争の勝利、成果を守ることを確認する」という内容を中露共同声明に盛り込み、なんとしても尖閣諸島を戦勝国としての成果に位置付けたかった。

ところが、習近平は期待に違（たが）って辛酸を舐めることになる。

老獪なプーチン大統領はそれを受け入れず、「主権、領土保全、安全保障など核心的利益で協力」という当たり障りのない文言の共同声明でお茶を濁したからだ。外交デビュー戦で、見通しの甘さと根回し不足を露呈した習近平が「外交音痴」のレッテルを貼られた瞬間であった。

そして、ロシア政府の「裏切り」で落胆していた中国政府をさらに意気消沈させたニュースがアメリカから入ってきた。

一月十七日、アメリカ訪問中の日本版の国家安全保障会議（NSC）事務局「国家安全保障局」の谷内（やち）正太郎局長は、ワシントンでケリー国務長官、ヘーゲル国防長官、ライス大統領補佐官（国家安全保障問題担当）と相次いで会談し、日米のNSCが緊密に連携していくことを確認した。

複数の米主要閣僚が谷内氏を迎えるというこの異例の厚遇は、日米同盟強化に取り組むアメリカ側の姿勢を強く印象付けたのと同時に、いわゆる「靖国参拝問題」で生じてきた日米間の不協和音は完全に解消されたことをも意味していた。

これで、アメリカの「失望声明」に乗じて展開されてきた中国の「日本包囲作戦」はまったくの徒労に終わってしまった。北京政府は結局、韓国からもロシアからもアメリカからも梯子を外されて、「日本叩き」の一人芝居を演じてみせただけのピエロになったのである。

その後、中国は自らの失敗の憤懣のはけ口として、世界中の中国大使を総動員して各国の新聞やテレビでヒステリックに安倍政権非難を始めたが、それはもはや負け犬の遠吠えでしかなかった。

閑話休題

中国に利用されるだけの韓国

去る三月下旬に核安全保障サミットが開かれたオランダのハーグで、東アジアの外交問題をテーマとした二つの首脳会談が開かれた。

一つは現地時間二十三日夜に行われた中韓首脳会談であり、もう一つは、同じく現地時間二十五日夜に開催された日米韓首脳会談である。

異なる組み合わせで行われたこの二つの会談の中身を注意深く吟味すると、現在の東アジア外交において、二つの外交志向あるいは外交路線が対立していることがよくわかる。

それはすなわち、中国と韓国がタッグを組み日本をターゲットとする「歴史問題固執のイデオロギー外交」と、アメリカが中心となって進める「危機対応のための現実外交」との対立である。

私がかねがね指摘してきたように、お隣の韓国は朴槿恵氏が大統領に就任以来、ひたすら日本との歴史認識問題に固執してずいぶん歪(いびつ)な対日外交を進めてきた。

日韓が共通して直面している現実の問題が何であるか、韓国の国益は一体どこにあるのか、そういうこととは関係なく、とにかく歴史問題の一点張りで日本に対する厳しい姿勢を貫くのが今の韓国外交の最大の特徴である。それはどう考えても、現実を無視したイデオロギー外交以外の何ものでもない。

そして一方の中国では、習近平政権成立以降、最初は一貫して「領土問題」という現実的な問題を軸に日本と対立を続けてきたが、アジア外交全体において日本の安倍政権が進める「中国包囲網外交」によって中国が孤立感を深める中で、習政権はやがて日本を叩くための「歴史カード」を持ち出して反撃に打って出た。

つまり、安倍首相がアジア諸国に対し、「中国からの現実的脅威に対処して結束しよう」と呼びかけて対中国包囲網を構築しているのに対し、習主席は「かつてアジア諸国を侵略したのはむしろ日本ではないか」という論理をかざして日本とアジア諸国の分断を図り、対中国包囲網を打ち破ろうとしているのである。

そういう意味では、中国の行う歴史認識外交は、反日イデオロギーに囚われすぎる韓国の場合とは違って、むしろ現実の外交戦略遂行のために歴史をカードとして利用しようとするものである。

いずれにしても、歴史問題をもって日本を叩くことは中韓両国の共通した外交路線となっており、中国にとっての韓国は、アジアにおける「対日共闘」の唯一のパートナーとなるのである。

こうした中で、いわば歴史問題をテーマにした「中韓対日共闘」が露骨に演出されたのがオランダのハーグで行われた中韓首脳会談であった。

韓国大統領府によると、習近平国家主席と朴槿恵大統領の会談において、日本の初代総理大臣の伊藤博文を暗殺した安重根の記念館のことが大きな話題の一つとなったという。

まず習主席が「私が記念館建設を指示した。両国国民の（安重根への）思いを強め、（中韓の）重要な結び付きとなる」と切り出すと、朴大統領は「両国国民から尊敬される安重根義士をしのぶ記念館は、友好協力の象徴になる」と応じた。

さらに習主席は、日本統治に抵抗した朝鮮人部隊「光復軍」を記念する石碑が近く、部隊の拠点があった中国・西安に完成すると説明した。朴氏は「意義深く思う」と述べたという。

このように、紛れもなく中国の習主席の主導下において、両国首脳は歴史上の暗殺者の安重根や幻の朝鮮人光復軍を持ち出して、いわば歴史問題を材料にした「中韓反日共闘」の外交路線を鮮明にしている。

その背後には当然、韓国を引きつけて日米韓の参加国連携にくさびを打ち込みながら、東アジア外交において優位に立とうとする中国の思惑が透けて見えてくる。

しかしそれにしても、二十一世紀になった今日の中韓両国の首脳会談で、百年以上も前の一暗殺者のことが話題になるのは異様であろう。そのことは逆に、彼らが構築しようとする反日共闘がまったく現実の根拠に乏しいものであることを如実に示している。現実の根拠がないからこそ、両国を反日に結びつける唯一の連結点は歴史なのである。

たとえば韓国の視点に立って冷静に考えてみれば、本来彼らは中国と連携して日本と対立しなければならないような理由は何一つないし、反日によって達成できる中韓両国の共通した国益があるわけでもない。

冷徹な国際政治の力学からすれば、韓国は、反日イデオロギーを振りかざして日本の対中国包囲網外交を打ち破ろうとする中国の思惑に単に利用され翻弄されているように見えるのである。

第3章

どこまでも続く共産党内の権力闘争

繰り返されるパワーゲーム

中国の「太子党」とは何か？ ひと言に集約すれば、中国共産党幹部・元老の血筋を引く子弟、一族のことである。

さらに言えば、中共建国に貢献した「革命第一世代」の子弟たちで形成する政治勢力である。彼らは父親世代の影響力を背景に政治の世界で順調な出世を果たし、革命の血統を受け継いだ自分たちこそが政権の正統なる継承者だと自負している。

彼らはまさに中国における「特権階級」そのものである。

ビジネスの世界においても然り。太子党に属していればなにかと優遇され、楽勝に次ぐ楽勝の人生を送ることができる。日本人にはなかなかわからないだろうが、「あの人は太子党だから負けても仕方がない」といった諦めのメンタリティが中国人のＤＮＡに組み込まれてしまっている。

したがって、よほどの間抜けでないかぎり、政治力を後ろ盾に手掛けるビジネスはうまくいき、富も地位も名誉も手に入れることができる。

現在の習近平主席が太子党の領袖であるのは言わずもがな。

彼の父親の習仲勲は一九二八年に草創期の中国共産党に入党した古参幹部で、八大元老の一人。建国後には中央宣伝部長、国務院副総理、政治局委員、全人代副委員長を歴任した大物政治家であった。

習近平自身は一九七九年に父親の習仲勲と同世代の古参幹部である耿飈（当時は国務院副総理、党中央軍事委員会秘書長）の秘書を務めることから政界入りし、以来、厦門市副市長、福州市党書記、福建省長、上海市党書記と出世の階段を順調に上がって来た。

そして二〇〇七年秋に政治局常務委員に昇格してポスト胡錦濤の最有力候補となると、彼は太子党の次世代における領袖と目されるようになった。

そうした良血ゆえに甘い汁を吸い続けられる太子党と熾烈なる権力闘争を繰り広げてきたのが「中国共産主義青年団（共青団）」派である。

共青団派幹部のほとんどは一般人や知識人家庭の出身だ。彼らには頼るべき親の七光りもなければ、革命の血統も持ち合わせていない。

唯一頼りにしているのは、党幹部の予備軍を養成するための中国共産主義青年団という組織である。彼らはこの組織のなかで頭角を現して政界入りの糸口をつかみ、個人的な努力で出世の階段を一つずつ上がってきた。

要は家柄やコネなど関係のない有能な官僚の〝叩き上げ〟集団である。前国家主席の胡錦濤、現在の国務院総理（首相）の李克強がその代表だ。

習近平もそうだが、文化大革命のどさくさに紛れて国内の名門大学にコネ入学した人たちの多い太子党とは違い、共青団派には文革後再受験して難関を突破してきたエリートたちが揃う。

共青団派は、自分の能力だけを頼りにここまでやってきた自分たちにこそ政権を受け継ぐ資格があると自任し、太子党という特権階級のネットワークを崩さなければいつまでも自分たちにチャンスはめぐって来ないと考えている。

こうした危機感を募らせているのが共青団派であり、太子党との対立の根本となっている。

言うまでもなく、共産党のレーゾンデートルとはもはや平等を掲げる共産主義ではなく、共産党一党独裁を維持していくことのみにある。一党独裁のなかの太子党と共青団派の対立は高邁な思想とはほど遠い、共産党内の利権をめぐる争いに他ならない。

さらに中国にはもうひとつの派閥「上海閥」が存在する。胡錦濤の前の主席だった江沢民が長らく領袖をつとめている。

本章では太子党、共青団派、上海閥がいかに複雑な関係にあり、〝妥協〟と〝相克〟を繰り返しながらパワーゲームを行っているのか、その深謀遠慮の中身に迫ってみたい。

江沢民元主席と太子党との関係

二〇〇七年に実現した習近平の政治局常務委員への昇格は、江沢民と江沢民率いる上海閥が強く推したためであった。

なぜ平民出身の江沢民が太子党の習近平をサポートしたのだろうか。

江沢民が地方官僚時代から太子党と手を組んでいたからに他ならない。

一九八五年六月から八九年五月まで上海市副党書記、上海市長、上海市党書記を歴任した江沢民の腹心が筋金入りの太子党、曽慶紅（そうけいこう）であった。

曽慶紅の父親の曽山（そうざん）は共産党の紅軍時代からの古参幹部で、中共建国後は内務部長（大臣）という要職を長く務めた。

江沢民の上海時代、曽慶紅は上海市党委員会秘書長、副書記の要職に就いた。二人の間には職務上の関係を超えた緊密さが生まれた。

八九年六月の天安門事件後、失脚した趙紫陽（ちょうしよう）の後釜として共産党総書記に任命された江沢民が北京へ連れていった唯一の上海幹部が曽慶紅であったことは、二人の関係の深さの証左であろう。

そして、中央政界ではまったく人脈のない新参者の江沢民を大いに助けたのが他ならぬ曽慶紅であった。曽は太子党の人脈を使って江沢民への長老たちの支持を固め、権謀術数を弄して江沢民の政敵を倒し、その権力基盤の強化に大いに貢献した。

曽慶紅自身の政治的地位もとんとん拍子に上昇していった。北京入り当時の党中央委員会弁公室副主任という事務方の職務から政治局常務委員、国家副主席にまでのし上がった。同時に曽慶紅は太子党の領袖となった。

こうした経緯から、十数年続いた江沢民政権は江沢民と曽慶紅との一蓮托生の結盟関係を主軸とした上海閥と太子党との「連立政権」としての色合いが強い。少なくとも、江沢民の派閥と太子党との間には切っても切れない緊密な利益共有関係があったことは確実である。

二〇〇二年、江沢民は党則により二期務めた総書記から退いた。この時江沢民としては後任に曽慶紅を据えたかった。

しかし、カリスマ的指導者の鄧小平が生前、共青団出身の胡錦濤を「ポスト江沢民」に指名していたことから、その願いは叶うことはなかった。鄧小平の遺命に逆らい切れず、江沢民は不承不承、総書記と国家主席のポストを胡錦濤に譲った。

権力を握った胡錦濤は共青団時代の子飼いの部下たちを次から次へと中央幹部に抜擢し、共青団派を母体とした一大派閥を作り上げた。

習近平に目障りな存在となってきた上海閥

だが二〇一二年十一月の第十八回党大会において、共産党上層部のパワーバランスに大きな変化があった。

共産党の最高指導部となる政治局常務委員会の人事で、党内最大派閥の江沢民派、いわゆる上海閥が共青団派を押し切って歴史的な大勝利を収めたからであった。

新たに選出された七名の政治局常務委員、いわゆるチャイナセブンのうち、張徳江(ちょうとくこう)、兪(ゆ)正声(せいせい)、張高麗(ちょうこうれい)は紛れもなく上海閥の中心メンバーであり、もう一人の王岐山(おうきざん)も江沢民に近い人物とされている。

つまり上海閥の面々は、党の最高指導部をほぼ制覇したことになるのだ。党のトップは習近平であっても、江沢民を戴く上海閥の天下なのである。

一方、それまで上海閥と対峙してきた共青団派、すなわち共産主義青年団出身の幹部たちからなる派閥は明らかに、最高指導部ポストの奪取戦に敗れた。

党大会開催の前に政治局常務委員会入りが確実視されていた共青団派のホープで政治局員・党組織部長の李源潮の昇格が見送られて、多くのチャイナウォッチャーを仰天させた。共青団派のもう一人の若き新星である政治局員の汪洋も、一時は政治局常務委員会入りの呼び声が高かったが、結局、昇格はならなかった。

新たに政治局常務委員会入りを果たした共青団派幹部は現首相の李克強のみであった。上海閥はこれにより我が世の春を謳歌するような勢いとなっているのだが、それに対して大いなる反感を抱いているのは敗れた共青団派だけではない。党の新しい総書記となった習近平も当然、上海閥の勢力に大きな警戒心を抱かざるを得ない。

権力の中枢が上海閥の面々によって固められたような現状下では、「習近平の時代」は永遠にやって来ないかもしれないからだ。

習近平としては共青団派との競争を勝ち抜いて総書記の椅子を首尾よく手に入れるためにどうしても上海閥の支援が必要だったことから、上述の政治局常務委員人事でやむを得ずの妥協を強いられた。

だが、一旦党のトップの座に納まった習近平にとり、権力の中枢を牛耳る上海閥の面々はこの上なく目障りな存在となっていた。

共青団派が目論む壮大なる深謀遠慮

上海閥の影響から脱出するため、習近平は解放軍を取り込んで軍内における自身の権力基盤の強化に全力を挙げる一方、かねてより敵方である共青団派との連携を模索し始めた。彼の「脱上海閥」の動きは当然、共青団派からもおおいに〝歓迎〟されることから、両者の連携はいとも簡単に進んでいった。

共青団派の首領である胡錦濤前国家主席は自らの引退に際し、引退後も一部のポストにしがみついた江沢民とは異なり、総書記・国家主席・軍事委員会主席の全ポストを一気に習近平に受け継がせた。

このことはまさしく習近平と共青団派との連携が成功したことの証左であろう。

そして、胡錦濤からの全権委譲と引き替えに、国家主席となった習近平は共青団派大幹部の李源潮を自らのパートナーとして国家副主席に据え、もう一人の共青団派幹部の汪洋を副首相のポストに抜擢した。

政治局常務委員の李克強も予定通り国務院総理（首相）となったことから、結果としては、党の人事で大敗を喫した共青団派は全人代の「政府人事」では巻き返しを図ることに成功したといえる。

政府人事で勝利を収めた共青団派はそれを足場にして、次なる天下取り戦略を描くことができた。彼らが目を向けているのはやはり、二〇一七年開催予定の党大会人事と、翌一八年開催予定の全国人民代表大会（全人代）人事に他ならない。

二〇一七年に開催される予定の次の党大会では、現在の政治局常務委員会を占めている上海閥の四名すべてが内規である七十歳定年制に引っかかるため引退が予定されている。

この引退年齢七十歳という内規はこれまでも数々のドラマを生んできた。だが、抵抗した常務委員は、結局、最後には内規に従うことになった。

この四名の代わりに政治局常務委員に確実に昇格すると見られるのは、国家副主席となった李源潮と最年少副首相の汪洋だ。この二人と現在も常務委員を務める李克強首相を合わせると、次の党大会で共青団派は一気に三名の幹部を政治局常務委員会に送り込むことになる。これは既定路線と言ってもいいだろう。

むろん彼らの目論みはそれだけに留まらず、壮大な深謀遠慮をめぐらしている。

前の党大会において政治局常務委員会人事では大敗を喫したものの、実は共青団派はその一段下の政治局の人事では将来を見越しての勝利を収めていた。共青団派の次世代ホープと期待される五十代前半の胡春華（こしゅんか）・広東省党書記と孫政才（そんせいさい）・重慶市党書記を政治局員に昇進させることに成功したのであった。

次の党大会での共青団派のさらなる目標は、この二名を将来の国家主席・国務院総理候補として政治局常務委員に昇進させることである。

首尾よく二人が昇進できれば、共青団派はチャイナセブンのなかで五名を占めることになり、間違いなく権力の中枢を掌中に収められる。

そして次の党大会に続く全人代では、おらそく共青団派は現首相の李克強を全人代委員長に据え、副首相の汪洋を次期首相に昇任させて、さらに若手の孫政才を副首相に据えて、国家の行政機関を完全に掌握することとなろう。

こうなってしまえば、天下は確実に共青団派のものとなる。

太子党の心に巣食うオーナー意識

共青団派の天下取り戦略の達成に資するもう一つの決定的な要素がある。

次の党大会が開催される二〇一七年になると、上海閥の総帥で現在八十七歳の江沢民はすでにこの世にいない可能性が極めて大きい。

一方、江沢民より十六歳下の胡錦濤は依然として健在のはずだ。そうなると上海閥と共青団派との力の対比は明々白々なのである。要は時の趨勢として、上海閥の天下が確実に共青団派の手に移っていく見通しなのである。

しかし、以上述べてきた共青団派の天下取り戦略に対し、業を煮やして何とか阻止しなければならないと考えるのはやはり、現在の共産党総書記、国家主席、軍事委員会主席の三権を掌握する習近平であろう。

彼にしてみれば、自分が党と国家のトップとなった以上、天下はすなわち自分の天下であり、上海閥の天下でもなければ、共青団派の天下でもないのだから――。

実は太子党を出自とする習近平とその仲間たちは独特の「オーナー意識」を持っている。太子党である彼らの父親の世代が開国の父だった毛沢東と共に戦い、現在の中華人民共和国を建国したからだ。

前述したとおり、習近平を領袖とする太子党の面々は、「われわれこそがこの国の正当なる継承者であり、政権を受け継ぐ当然の権利と使命があるのだ」と骨の髄から思い込んでいるわけである。

習近平たちにすれば、上海閥にしても共青団派にしても、それらの人たちは単なる政権の「雇われ経営者」であり、天下のオーナーである自分たちにとっての「使用人」にすぎない。

使用人であるはずの共青団派の連中がこれから本気で天下を取ろうとするのであれば、自分たち太子党こそが身を挺してそれを阻止しなければならない。太子党の天下を取り戻して、革命の血を受け継いだ自分たちの継承権を確立しなければならない。これが偽らざる本音であろう。

習近平が強軍路線を敷かざるを得ない理由

かたや共青団派にしてみれば、当然ながら、すでに目の前にぶら下がっている政権を太子党に返す気などさらさらない。

雇われ経営者と見なされる共青団派の面々は逆に、「親の七光り」を借りて威張っている太子党とは違って、自分たちこそが叩き上げの本物の国家経営者なのだという思いが強い。

政治の中枢からいっせいに消える運命にある上海閥の面々は、現在は多くの重要ポストと莫大な利権を手に入れている。次の党大会開催まで彼らも生き残りをかけて、太子党と共青団派の熾烈な権力闘争の渦中に身を投じていくはずである。

あらためて考えてみると、現在党をおさえているのは上海閥であり、政府内で足場を固めたのは共青団派である。それに対して、習近平の率いる太子党は党と政府にはそれほどの勢力を擁していない。

太子党にとって権力闘争を最後まで勝ち抜くための砦は、結局、太子党の人脈が幅広く浸透している人民解放軍でしかない。

総書記に就任してからの習近平が強軍路線を打ち出して〝軍重視〟の姿勢を旗幟鮮明にしていることの背後には、まさにこのような事情が横たわっているのである。

今後の中国の政治体制のなかでは、習近平率いる太子党は解放軍を、上海閥は党の中枢を、そして共青団派は政府部門をそれぞれの拠点にして、次なる天下取りのための三つ巴の戦いを展開していく様相である。

まさに権力闘争の「新三国史」の時代の到来なのである。

共産党政権の天下がいったいどの派閥に渡るのかは今の時点では知る由もない。

しかもそれはあくまでも中国の内部問題であってわれわれには直接に関係のないことである。日本の立場から懸念しなければならないのはむしろ、自らの権力基盤強化のためにますます強軍路線を押し進めていく習近平国家主席がこの巨大国家を一体どのような方向へ導いて行くのか、である。

強軍路線はその進めようによっては、日本にとり大いなる脅威となりかねない。

二人の長老と習主席の関係

　ちょっとここで習近平の置かれた立場について、おさらいをしてみよう。

　先にも記したとおり、中国第五世代の最高指導者に選出された彼は実に〝不本意〟な立場におかれている。

　せっかく党の総書記と軍事委員会主席に選出されて党と軍のトップとなっているのに、党の最高指導部は江沢民元主席の息のかかった人間たちによって固められて、軍の中枢部には依然として少なからず胡錦濤前主席の影響力が残っている。

　そして習近平政権が成立したその時から、政治局のなかには「ポスト習近平」を狙う人たちが入っている。

　言ってみれば、政権の現在は江沢民一派の上海閥によって支配されており、政権の未来はまた胡錦濤一派の掌中に入っているのだ。現在と未来ともに他派閥に牛耳られてしまい、習近平自身にはほとんど何も残されていない。

　このままでは最高指導者であるはずの彼は、単なる上海閥の傀儡として、そして将来の共青団派政権が誕生するまでの繋ぎ役として終わってしまうのかもしれない。

つまり名目上は習近平政権が誕生したとしても、実質上の習近平政権は最初から存在しなかったかのようなものだ。

もちろん習自身はそのまま終わりたくないのであろう。何とか自前の本格政権を作ろうと考えているはずである。

そうなると、習は今後、江沢民と胡錦濤という二人の長老との戦いに挑んでいくしかないのである。

江沢民率いる上海閥の連中に囲まれながらその影響力からの脱出を計る一方、ポスト習近平を狙う共青団派との勢力争いも展開していかなければならない。

おそらく次の党大会（共産党第十九回大会）が開催するまでの政権一期目において、習近平はこのような両面展開の権力闘争に明け暮れて、自らの勢力拡大と権力基盤の強化に余念がないのであろう。前述したように、解放軍との蜜月関係構築はその一端と見て取れる。

ただ、下手をすれば習近平は次の党大会開催までの五年間、新指導者として新しい時代を切り開くような大仕事がまったくできない可能性もある。

上海閥の強い影響下で政権運営を強いられる習政権は、もともと反日だった江沢民政権と同様の対日強硬姿勢に打って出ることがあっても、前任の胡錦濤政権よりも柔軟姿勢を示すようなことはまずない。

今後の習近平政権下においては、いわゆる「尖閣問題」は日中間の紛争の火種となり続け、日中関係はまさにこの尖閣攻防を基軸にして一定の緊張を保っていくことになるし、それは現在も続いている。

少なくとも今後の数年においては、習近平政権下の日中関係はまさに冷戦状態に突入していくのである。

習主席と李首相は同床異夢

十月一日は言わずと知れた中国の国慶節、つまり建国記念日である。

昨年、国慶節の日の人民日報の第一面を飾ったのは恒例の祝賀社説で、そのタイトルはずばり、「現代中国のために夢の力を結集せよ」であった。

先述のとおり、習近平政権発足以来、習国家主席自ら言い出した「中国夢」というスローガンは今や政権最大のキャッチフレーズとなった。習主席自身が日々念仏のように唱えている以外に、全国の宣伝機関を総動員して一大宣伝キャンペーンを行い、国民への浸透を図ってきた。

十月一日付の人民日報社説は、まさに中国夢の宣伝キャンペーンに沿ったものであった。社説は習主席の言葉を引用しながら中国夢の「偉大なる歴史的・未来的意義」を熱っぽく語り、「夢」という言葉を連呼してテンションを上げている。そう、習主席による習主席のための提灯論説そのものといえた。

だが、習近平政権内部が決して一枚岩でないことが見てとれる証左があった。同じ一日付の人民日報の第二面に掲載された李克強の講話だ。その内容は第一面の提灯論説とは趣をまったく異にするものであった。

その前日、中国国務院は国慶節のための祝賀会を催した。そこで祝辞を述べたのが国務院総理（首相）の李克強だった。翌日の人民日報に掲載された祝辞の全文を読むと、中国の政治に敏感な読者なら誰もがその異様さに気付いたはずである。

第一面の人民日報社説とは打って変わって、李首相の祝辞は習主席の「中国夢」に極めて冷淡な態度を示していた。習主席自身も祝賀会に出席しているなかで、李首相がこのキャッチフレーズに触れたのは祝辞の最後の一度だけだった。これは目の前にいる習主席に対する最低限の配慮にすぎない。

祝辞全文を読んで明らかなのは、李首相が注目しているのは社会的不公正の是正など現実的な問題であって、「民族の偉大なる復興」などの壮大なる「夢」にはまったく興味がないことであった。

内部の分裂をできるだけ外部に見せないという秘密主義の指導体制の中で、李首相の祝辞はむしろ、許されるギリギリの線で自分と習主席との考えの違いを明らかにしたものだ。共産党最高指導部内の「同床異夢」はもはや隠しようのない事実である。

「中国夢」にそっぽを向いた代わりに、李首相が祝辞の中で恣意的に言及したのは「科学的発展観」であった。

科学的発展観とは、胡錦濤前国家主席が提唱した政策理念の集約語で、前胡錦濤政権の一枚看板である。鄧小平理論や江沢民の「三つの代表」思想と並んで党の指導思想のひとつと位置づけられているが、習政権発足以来、胡錦濤の科学的発展観は早くもお蔵入りにされている感が強かった。

特に二〇一三年に入ってから、習主席自身がこの言葉をほとんど口にしなくなっていることが注目されていた。

したがって、胡前主席が率いる共青団派の次世代リーダーとして、また今の最高指導部の一角を占める李首相が、恣意的にこのキャッチフレーズを持ち出したことは、「胡錦濤離れ」を鮮明にして独自路線を突き進もうとする習主席に対する強烈な牽制であるとも理解できよう。

「そのままではわれわれは黙っていられないぞ」との脅しとも取れる。

実は同じ日の人民日報第一面に、もうひとつ注目すべき記事が掲載されていたのだ。九月三十日に共産党政治局が会議を開き、「科学的発展観学習綱領」の草案を審議し、全党への配布を決めたというものである。そのなかで政治局会議は科学的発展観を高く評価した上で党員幹部全員に学習を呼びかけていた。

この記事から、習政権になってから冷遇されてきた前政権の指導思想が共青団派の反撃によって復権を果たしたことが読み取れる。

見せかけのパフォーマンスに終わった改革

昨年十一月十二日に閉幕した中国共産党中央委員会（第十八期三中総会）はまったく期待外れの結果となったが、習近平にとっては既定路線であったと思われる。

当初、政府の手厚い保護下にある国有企業と冷遇されている民間企業の格差を縮めるという一大テーマが掲げられていた。いわゆる「国進民退」からの脱却である。それには国有企業を俎上に上げた大胆な経済改革が不可欠であった。

だが、採択したコミュニケは結局、「改革」の連呼に終始するのみで、具体案や工程表を何一つ打ち出すことなく、経済改革断行の気概をまったく感じさせなかった。改革は単なる見せかけのパフォーマンスに終わったのである。

これでは改革の〝やるやる詐欺〟のようなものだ。

会議閉幕の翌日、上海と香港の株式市場で失望売りが広がり株価が急落したのは当然の反応であった。

習近平はなぜ改革ができないのか。

現体制下で作り上げてきた利権構造が改革によって失われることを恐れる党内勢力の抵抗が大きかったことは事実だろう。

全体会議（全会）開幕から数日間、中国の官製メディアが会議の進行状況を一切報じなかったことが、会議中に激しい対立と論争が起きたことを物語っている。

既存の利権構造に深く関わっている上海閥（江沢民派）の幹部たちが改革に猛反発したのは間違いないだろう。

それ以外に、改革を骨抜きにしたもうひとつの大きな要因は、習近平総書記（国家主席）の態度であると思う。

全会閉幕の翌日、中央テレビ局のニュースサイトは、習近平が全会で決定した改革方針をめぐり「改革は一度に成し遂げることはできない」と述べていたことを伝えた。

最高指導者の発言としてそれが報じられたことの意味は実に大きい。

「上に政策あれば下に対策あり」の中国では、たとえ最高指導部が「改革を急げ！」と大号令をかけたとしても、やる気のない官僚たちがその通りに動くことはまずない。なのに、最高指導者の習自身が改革に関して「一度に達成できない」という消極的な発言をすれば、全国の幹部たちは当然、「改革は別に急がなくても良い」と受け止めるはずだからだ。

つまり、「改革」を連呼したコミュニケを横目にして、習近平が間をおかず改革の推進に事実上のブレーキをかけた。改革などやりたくもないというのが彼の本心であろう。

なぜなら本書でたびたび述べてきたように、習近平の最大の政治的支持基盤は利権を保持したい太子党の面々であり、元来改革には後ろ向きの上海閥だからだ。いったん共青団派とパーシャル連合的に組んでみたものの、やはりソリは合わない。

それに加えて、国有大企業の独占構造や土地に対する国家の支配は、習近平が死守しようとする独裁体制の経済的基盤そのものであるから、それらにメスを入れるような改革を進める気は当然ない。

改革をやらない代わりに、習主席が大急ぎでやろうとしているのは、独裁体制強化のための国家安全委員会の創設だ。習主席はこのトップに就任する。これと連動して、これまで軍指導部の党中央軍事委員会と公安省（警察）との二重指揮下にあった武装警察部隊（武警）を党軍事委の直属に改編する意向だ。

この体制が出来上がれば、習主席自身は絶大な権力を手に入れるだけでなく、国内のあらゆる不満と反発を簡単に抑圧できる。

つまり、習主席は改革の推進によって社会的矛盾を解消する道を自ら断ってから、力の論理で民衆の反抗を抑え付け、政権の安泰を図る道を選んだのである。

だが、改革の放棄は結局大きな失望とよりいっそうの反発を招き、力任せの抑圧は反抗運動のさらなる激化を呼ぶに違いない。

習近平政権は、国内問題を平和的に解決する最後のチャンスを逸した。

第4章

ネット社会が中国を潰す日

低俗文化の蔓延を恐れる政権

共産党機関紙の人民日報は昨年七月半ばから十一月下旬まで「不良化する文化的傾向」を批判する九つの論評をシリーズ化し連続掲載したが、その主な批判対象のひとつは「文化の低俗化」であった。

そして年が明けると、国家新聞出版ラジオ映画テレビ総局は、新聞五紙が低俗記事や低俗広告を掲載したことに対する調査と処分を受けたことを発表、国内メディアに対する引き締めを始めた。

低俗文化とは言うまでもなく、笑いやセックスを売り物とするような娯楽性の強い新聞記事、映画、テレビ番組などの総称だ。ここに来て政権はなぜこういったものへの〝掃討〟に血道を上げているのだろうか。その答えは、人民日報が掲載した前述の「不良文化批判シリーズ」の最後の論評にあるようだ。

シリーズの締めとなるこの論評は、習近平国家主席が掲げる「中華民族の偉大なる復興」のスローガンを中心に持ってきて、「文化の復興は民族の復興のひとつ」とした上で、低俗文化の氾濫は民族の偉大なる復興の大いなる妨げとなると説いた。

なるほど、これこそ習政権が低俗文化を目の敵にした最大の理由であると思われる。問題は、たかが娯楽性を売り物にする程度の低俗文化がなぜ「民族の偉大なる復興」の妨げとなるかである。人民日報の記事は特に具体例を挙げていないが、昨年半ばから、大問題として取り沙汰されているのが「抗日ドラマの低俗化」であることはよく知られている。

昨年まで、中国では抗日戦争を題材とするTVドラマが洪水のように氾濫していた。尖閣諸島をめぐる反日騒動が起きた二〇一二年などは七十本も制作されたと聞く。

そのなかにはもちろん、「抗日戦争」をテーマとしたものは数多くあった。

「八路軍」と称される共産党軍が日本侵略軍との死闘を描いた『亮剣』。

湖南省の共産党部隊が日本侵略軍を相手に展開するゲリラ戦を題材にした『血色湘西』。

華北での八路軍本拠地の周辺で展開される中日両軍の攻防戦を描いた『狼毒花』。

日本軍の占領地域に潜入してスパイ活動を行った共産党特務員を主人公にした『野火春風闘古城』。

日本侵略軍が八路軍部隊の本拠地に対して行った殺戮掃討作戦と八路軍の反撃を再現した『烈火金剛』等々。

いまから六十数年前の「抗日戦争」を題材にするドラマが毎日のように放映されている有様である。

内容に関しては、凶悪この上ない日本軍を撃退した共産党と八路軍の業績を讃えるものが目立っているが、その対比として、日本侵略軍の悪辣さ、残虐さ、野蛮さをことさらに強調するドラマも結構多い。

そうすることによって、視聴者の愛国主義と義憤を煽り立てる一方、このような日本軍を退治した共産党への感謝の念を喚起することもできるからである。

いわば一石二鳥の妙案であるが、その場合、とにもかくにも、日本鬼子が悪者にされるのはいつもの手口である。

ただ、ここにきてTVドラマの内容が明らかに変容してきた。

視聴率を上げるための激しい市場競争のなかで、一人の抗日軍の兵士が十数人の日本軍兵隊を素手でぶっ倒すような奇抜なシーンや、戦いの場面で女性の全裸を見せて売り物とするような抗日ドラマが続出する事態となった。

このような傾向は政権にとって実に不本意である。各テレビ局に抗日ドラマを大量に撮らせて放映させる共産党政権の意図はそもそも、国民における反日感情の強化と愛国主義精神の高揚を図るためであった。

だが、肝心のドラマ内容が低俗化・娯楽化の方向へと走ると、政権の意図した思想教育にはむしろ逆効果だ。「反日」や「愛国主義」をちゃかすことで逆に思想教育を無力化してしまうことになりかねない。

つまり、愛国主義をひとつの柱とする「民族の偉大なる復興」を掲げる習政権は、抗日ドラマの低俗化を大きな障害と認識したわけである。それで昨年夏から党メディアを総動員して一掃作戦に打って出た。さらに、文化全体の低俗化に対する掃討も同じ目的から展開された。

しかしながら逆の視点からすれば、中国における文化の低俗化はむしろ、共産党政権による思想教育とイデオロギー支配を突き破る大きな力となっていると言えるのではなかろうか。

そう、文化が低俗化すればするほど、一般民衆がセックスや娯楽に心を奪われるほど、習主席が苦心して唱える「民族の偉大なる復興」は単なる空疎な官製スローガンに終わってしまい、人民に対する政権の思想支配はますます難しくなるのである。

市場経済が定着し、新聞社もテレビ局も弱肉強食の商業的な競争にさらされている昨今、現政権が提唱する大言壮語の思想よりも気軽な娯楽性を好むのは一般的風潮だ。そのなかでは、習政権の低俗文化に対する戦いには勝ち目はない。

行政的手段で一時的な効果を挙げることができたとしても、市場の原理と民衆に根付く「人間性」に逆らうことなど到底できない。

今後も進んでいく文化の低俗化の前で、共産党政権の思想支配はいずれ破綻するであろう。

微博(ウェイボ)で覚醒する中国人の本音

周知のとおり、中国においてはツイッターやフェイスブック、さらにユーチューブなど海外のソーシャルメディアなどは当局により遮断されている。われわれ日本にいる者は中国のインターネットにアクセスできるが、中国にいる人たちは基本的に海外のソーシャルメディアを見ることはできない。

このような一方通行が中国のネット社会の現実である。

その代わり国内ユーザーを対象として、ツイッター、フェイスブック、ユーチューブなどに類似する通信サービスが提供されている。

なかでも近年のスマートフォンの爆発的な普及を受けて利用者が急増しているのがミニブログの「微博(ウェイボ)」だ。すでに登録アカウント数は十三億超。いまや中国最大のユーザーを抱えるもっとも手早く簡単に情報や意見を発信できるツールに成長した。

微博の世界を時々のぞくと、中国という国がいま、世紀末的な絶望と未来へのかすかな希望が混在している激動の大変革期にあることがよくわかるのだ。

昨年十二月第一週に私が読んだ書き込みを紹介しよう。

十二月二日、「@公衆新聞」というアカウントを持つ人はこう書いている。

「今の中国で、大型プロジェクト・国土開発・対外貿易・証券・金融という五つの利権の大きい分野で、主要ポストの九割以上は政府高官の子弟たちが握っている。社会主義の中国は〝権力世襲社会〟となっており、人民は単なる傍観者と奴隷である」

同月三日、「@万網互通」さんの書き込みはこうである。

「今、中国の富の九五%は全人口のわずか五%を占める人々の手にある。しかしこの五%の人々はすでに海外へ移民しているか、あるいは移民しようとしている。これから十年後、この国に何が残されているのだろうか」

同月五日、「@CCTA」さんはこう書く。

「地球上にこのような国がある。八〇%の河川が枯渇し、三分の二の草原は砂漠と化している。六百六十八の城市（都市）はゴミによって包囲され、四億人の都市部住民は汚染された空気を吸う。二千万人の女性は売春に励み、刑事事件は年間四百万件も発生する。一千万人の公務員の幹部のほとんどが汚職をしている。このような素晴らしい国はいったいどこか。当ててみよう」

もちろん、それが当の中国であることは誰でもわかっている。この書き手が挙げた一連の数字が正確であるかどうかは問題ではない。要は、多くの中国人が自分たちの国の現状をこのように認識しているということだ。行間からは祖国の惨めな現状への深い絶望と、それをもたらした政治権力への強い不信感と不満が感じ取れるだろう。

こうしたなかで政治権力と民衆が対立するような出来事でも起きれば、微博の世論が一斉に政権批判へと向かうのはお決まりのパターンである。

たとえば同月二日、江西省新余市で政府幹部の財産公開を求めた劉萍（りゅうへい）さんら三人が「違法集会」の罪で起訴されると、微博の世界では政権に対する非難の嵐が一気に吹き荒れた。

「幹部の財産公開を求めて何か悪いのか。この国では正義を主張する人は犯罪者にされるのだ！」

「財産の公開をそれほど恐れているのか。それは、政府の幹部が皆不正の財産を隠し持っていることの証拠だ！」

「当局が劉萍さんたちに罪を問うのは、つまり現政権は民衆の側ではなく汚職幹部のサイドに立っているということだ。民衆の敵は誰なのかが一目瞭然ではないか！」などと、痛烈な政権批判が延々と綴られている。

劉萍さんたちの弁護を引き受けた華東政法大学准教授で弁護士の張雪忠(ちょうせっちゅう)氏は、自分の微博でこう宣言した。

「今後、私は政治犯と良心犯の弁護を一手に引き受けるつもりだ。権力が銃を持って人を迫害するなら、私は自分の口舌で彼らを助けなければならない。正義を勝ち取ることができなくても、民心はわれわれわれの方にある」と。

この果敢な宣言を行ったわずか数日後に、張雪忠氏は当局の圧力によって大学を解雇される憂き目にあった。もちろん彼はそれにめげることなく、今後もネット世論の支持をバックにして闘い続けるのであろう。

単身で独裁権力に挑戦するこのような不屈な精神。そして微博の世界を彩った多くの中国人の覚醒、それらすべてはまた、この絶望の大国に一条の希望の光明を投げ入れている。

中国の教科書のほうが嘘つきだ

中国中央テレビはいわば、中国における反日教育と反日宣伝の総本山的な存在として知られる。同局の報道番組も当然、宣伝目的で作られるものだ。

少し前、同局は歴史認識問題をテーマに日本での取材をメインとした報道番組を放送した。

中国人記者は街を歩く日本の中学生たちをつかまえて、「日中戦争中に多くの中国人が死んだことを知っていますか?」「南京大虐殺を知っていますか?」などの質問を投げかけた。

不意をつかれ戸惑いを隠せないでいる中学生たちがその場しのぎに「知らない」と答えると、番組の解説者はすかさず「なるほど、日本の歴史教科書は歴史を改竄して子供たちに侵略の歴史を教えていないから、こうなったのですね」と、日本の歴史教育への批判を繰り広げるのだった。

こうした手口は反日報道の常套であり、毎回それなりの効果を上げてきた。私は「また性懲りもなくやっているな」と苦笑を禁じ得なかった。

ところが、人民日報社が開設するミニブログ「微博」専用ページをのぞいてみると、以前には見られなかったコメントがずらりと並んでいた。

「中国人民は皆知っている。よく嘘をつくメディアは人民日報、よく捏造する教科書は中国の教科書のほうだ。お前らこそ、毎日のように中国人民をだましているのではないか!」

「文化大革命以来、いったい誰が多くの中国人民を惨殺してきたのか。日本人ではないぞ！」

「自国の歴史さえ正視できないこの国が他国に正しい歴史認識を求めることができるのか。嘘ばかりをつくこの政府は、他人に真実を語れと要求できるのか！」

現在もこのような辛辣なコメントが書き込まれ続けている。

こうしてみると、政府の行う反日宣伝は完全に裏目に出ていることがわかる。「日本の教科書が真実を教えない」と批判すれば、「中国の教科書こそ嘘ばかりではないのか！」との反論が返ってくるし、「南京大虐殺が忘れられた」と騒げば、「お前らこそ多くの中国人民を殺したのではないか！」と突っ込まれる。

反日宣伝をやった分、それはすべて政府自身に返ってくるのである。


さらに民間ウェブサイト「網易」が「日本の歴史教科書と中国の歴史教科書、どちらが嘘をついているのか」というネット上の討論を開始し、一般ユーザーにも意見を求めた。

その結果、「日本の教科書のほうが嘘をついている」と答えた回答者数が二七三〇人であったのに対し、「中国の教科書のほうが嘘つきだ」と答えたのはその三倍以上の八九四九人に上ったのである。

ここまでくると、中国政府が長年にわたり行ってきた反日教育が破綻し始めていることは一目瞭然である。

丹念に行った日本批判のすべてが政府批判展開のきっかけを作ったのにすぎないのであれば、「それではいったい何のための反日だったのか」と、政府の宣伝担当者はさぞかし落胆しているのではないか。

それどころか、御用宣伝機関筆頭の中央テレビ局や政府発行の歴史教科書までもが多くの中国人民に「嘘つき」だと認定されているようでは、反日教育を含めた、政権が行う思想教育、統制自体がすでに失効していることがよくわかる。

市場経済が発達し、人々が自立的な生活基盤を得て自由な思考を始めた情報化時代において、共産党政権が国民大半の頭と心をコントロール下におくことはもはやできなくなっているのであろう。

民間企業家の言いたい放題はいつまで許されるのか？

中国でいまもっとも注目されている民間企業家の一人が任志強（にんしきょう）という人物。大手不動産デベロッパー企業の会長を務める傍ら、産業界のオピニオンリーダーとして八面六臂の大活躍中である。

不動産市場の動向や経済問題に関する任志強の発言は常にマスコミによって大きく取り上げられ、ミニブログ（微博）フォロワー者数は数千万人を抱える。

マスコミに奉られたニックネームは「任大砲」。ここからもわかるように、任はまた、数々の暴言を放つことでも有名だ。

数年前、不動産価格が暴騰しているさなか、一部の世論が「それでは貧困層の住む家はないのではないか」と反発したところ、任は「われわれは別に貧乏人のために家を造っているわけではない。金持ちのためにのみ家を建てるのだ」と放言した。

また、「農村から都市部に来る人は家が買えない」との不満の声が上がると、今度は「それなら農村に帰ればよい」と突き放した。

任大砲は政府部門やその高官たちに容赦のない砲火を浴びせることもある。

今から五年前、政府関係機関が不動産開発業者を招いて開いた座談会の席上、任は中央銀行の経営陣の一人と口論し、この女性幹部を泣かせてしまった。

二年前には、「過去十年間、政府の行った不動産価格抑制策は全部間違っていた」として、中央政府の経済政策を真っ正面から批判。昨年一月には、北京市国家資産管理委員会が北京銀行の幹部人事に干渉したことを取り上げて、管理委員会に対する痛烈な批判を展開した。

任の政府批判はとどまるところを知らない。

中央官庁の一つである「住宅と都市・農村建設部」の姜偉新部長が政府の政策実施によって住宅価格が今後下がるだろうとの見通しを示すと、任は直ちに「この人の話など信じられるものか」と大臣クラスの高級官僚の発言を一蹴してみせた。昨年四月のことだ。

さらに経済学者の張維迎氏が「企業家は投資に失敗すれば飛び降り自殺するしかない」と発言したのに対し、任は自身の微博で、「それならまず政府の幹部は全員が飛び降り自殺すべきだ」と言い放って世間の喝采を浴びた。

このように任は政府機関やその高官たちを〝屁とも思わぬ〟傲岸不遜な態度でこき下ろしてきた。彼のような民間企業家の出現は共産党独裁体制誕生以降にとどまらず、「官尊民卑」の伝統を有する中国数千年の歴史の中でも初めての出来事であろう。

市場経済が発達して民間企業が中国経済の六割を支えるようになった状況下、企業家階層は独立性をもつ一大勢力に成長してきた。

なかでも自分たちの力の大きさに目覚め、政治権力を上から見下ろすほどの自信を持った任のような大胆不敵な経営者は、まさに新興の企業家階層の代表格である。

もちろんいまのところ、任たちはしばしば痛烈な政府批判を行うものの、基本的には政権との〝共存関係〟を保ちながら現体制の中で生きていく道を探っている。

しかしこのような共存関係がいつまで続くのかが問題だ。各国の資本主義発達の歴史的経験からしても、経済的力を手に入れた民間企業家がより多くの政治権利を求めてくるのは必至である。

中国の企業家階層も例外ではなかろう。今後ますます独裁権力の抑圧と腐敗官僚の搾取に耐えかねて自分たちの権利をより強く主張したくなるであろうし、自らの権益を守るために政府の独善的な政策決定に「ＮＯ！」を突きつけたくなるのであろう。

こうしたなかで私が懸念するのは、改革をないがしろにし、権力集中を加速する習近平国家主席の反市場経済的なふるまいだ。このところの習政権の締め付けの強さを見るにつけ、いつまで任たちが歯に衣着せぬ発言が許されるのか。任が苦境に陥る日が来るのかどうか注視したい。

格差社会の悲惨な実態

中国では昔から、「順口溜（しゅんこうりゅう）」という韻文風の風刺文学がある。日本の川柳をいくつかくっつけて出来上がったようなもので、語呂がよいのが特徴だ。その内容も川柳と同様、おかしげな社会現象への風刺や惨めな立場にある人々による自嘲などが主である。

ネットの世界ではこの類いのものが常に流布されているが、それらを読んでみると、笑いを誘われながらも中国の世相が存分に反映されているのがよくわかる。

たとえば近年来、深刻な社会問題となっている貧富の格差の拡大について、「貧乏人」と「金持ち」に関する次のような順口溜が出回っている。


女房と寝るのは貧乏人だが、人の女房と寝るのは金持ちである。

牛や豚を飼う奴は貧乏人だが、犬や猫をペットにする奴は金持ちである。

田んぼで稲を植える奴は貧乏人だが、庭で花を育てる奴は金持ちである。

土を耕す奴は一生の貧乏人だが、土地を売買する奴は子孫まで金持ちである。

ホンモノを作っていても貧乏人のままだが、ニセモノを作るとたちまち金持ちになる。

栄養食品を作って売る奴はしょせん貧乏人だが、有毒食品でも作って売れば金持ちの仲間入りができる。

友人から借金する奴は貧乏人だが、国からカネを掠（かす）めた奴は大金持ちである。


以上の順口溜を読めば、現在の中国で一体どういう人たちが金持ちとなって、逆にどんな人たちが貧困にあえいでいるのかがよくわかる。

とにかく、働き者や正直者が貧乏人となって、悪い奴ほど金持ちになるというのは、まさしく「社会主義大国」中国社会の実情なのである。

それでは、この国の貧乏人たちはどのように生きているのか。

次のような有名な順口溜がある。


結婚はしたいけどそれは無理なことだ。

マンションも車も持たない俺に誰が嫁に来るというのか。

結婚して子供を産みたいけど、それはまた無理なことだ。

産院で帝王切開でもすれば三ヵ月分の給料が飛ぶではないか。

子供は産んではみたが、学校へ行かせるのは無理なことだ。

入学金だけで半年分の給料が要るから。

子供が大きくなってうれしいけど、病気にでもなれば大変なことだ。

医療費一つで家がつぶれてしまう。

病気が治らず死にたいけど、それはさらに大変なことだ。

火葬代があれほど高騰してどうやって死ねるのだろうか。

この順口溜の言わんとするところは明々白々であろう。

要するに「経済大国」と称される中国の貧困層にとって、生きるのも死ぬのも容易ではない、ということである。

「帝王切開で三ヵ月分の給料が飛ぶ」とか、「入学金だけで半年分の給料が要る」とか、あるいは「医療費だけで家がつぶれてしまう」とかは、決して風刺文学特有の誇張ではない。むしろいまの中国の現実なのである。

この国の民はいつになったら、生きることの苦しさから解放されるのであろうか。

権力を手に入れれば民衆の口をふさげると思うのは大間違い

中国でいま「憲政論争」が巻き起こっているのをご存知だろうか。

民間知識人が憲法を基本とする政治を求めているだけでなく、なんと共産党中央直属の教育機関に属する人物までもが憲政擁護論を掲げているのだ。

中国には「中央党校」という特別な学校がある。共産党中央委員会直属の教育機関で、党の高級幹部の養成を主な任務としている。かつて毛沢東もその校長を兼任したことがあり、中央党校は党の思想教育の総本山という位置づけである。

昨年、中央党校の蔡霞教授は民間企業運営のサイト「共識網」に、「憲政こそは国家安定維持の大計」とする自身の講演録を掲載した。

いわば獅子身中の虫の不穏な動きに危機感を抱いた党直属宣伝機関はすぐに対抗措置をとり、人民日報は憲政批判キャンペーンに打って出た。

ところが今度はそれに対抗して、中央党校機関紙の『学習時報』が衝撃的な内容をもつ論評を掲載したのだ。

書いたのは中央党校の宋恵昌教授。中国周王朝きっての暴君の厲王が民衆の不満の声を力ずくで封じ込めた結果、自分自身が追放される憂き目にあったとの故事を引用しながら、「民衆の口をふさいではいけない」と説いた内容であった。昨今の中国の政治事情を知る者なら、この論評の意図するところは即座に理解できたはずだ。

習近平国家主席率いる指導部はいま、ネット世論を中心とする〝民衆の声〟の封じ込めに躍起になっている。

国営新華社通信の李従軍社長が人民日報に寄稿して「旗幟鮮明に世論闘争を行う」と宣言し、軍機関紙の解放軍報も同じ日に「ネット世論闘争の主導権を握ろう」との論評を掲載したのは、昨年八月上旬であった。

党と軍を代弁する両紙が口をそろえて「闘争」という殺気のみなぎる言葉を使って、ネット世論への宣戦布告を行ったのである。

こうしてみると、前述の『学習時報』の論評は明らかに、党指導部が展開する世論封じ込めに対する痛烈な批判であることがよくわかる。論評は、「いかなる時代においても、権力を手に入れれば民衆の口をふさげると思うのは大間違いだ。それが一時的に成功できたとしても、最終的には民衆によって権力の座から引き下ろされることとなる」と淡々と語っているが、誰の目から見てもそれは、最高権力者である習近平主席に対する大胆不敵な警告なのである。

当の習近平がこの論評に目を通せば、ショックの大きさで足元が揺れるような思いであろう。本来なら彼の親衛隊であるはずの中央党校の教師に指をさされるような形で批判されるようでは、党の最高指導者のメンツと権威は無きも同然である。

そして、中央党校の二人の教師が同時に立ち上がって党指導部に反乱の狼煙(のろし)を上げたこの事態は、習近平指導部が党内の統制に失敗していることを示していると同時に、共産党が思想・イデオロギーの面においてすでに収拾のつかない混乱状態に陥っていることを如実に物語っている。

習政権発足当時からささやかれてきた「習近平がラストエンペラーとなる」との予言は

ひょっとしたら実現するのかもしれない。

絶望するしかない「民間版中国夢」

第一章において、習近平国家主席が就任以来、「中華民族の偉大なる復興という〝中国の夢〟の実現」を盛んに唱えるようになったことを紹介したが、この言葉が独り歩きし始め、物議を醸している。

「われわれの夢は、ただ、きれいな空気を吸いたいだけだ」と、微博（ミニブログ）などで白けた反応を示す国民も多い半面、習近平の「中国夢」に輪をかけたより壮大なる夢を語りたがる人もいる。

ネットの世界で広く流布され、支持を得ている「民間版中国夢」には次のようなものがある。

八項目の仮想の出来事を取り上げ、実現されれば中国夢が叶えられるのではないかとする内容だ。

たとえば、「中国のサッカー代表チームがＷ杯で優勝する」というものがある。もちろん現実には中国代表の実力はアジアでも日韓両国より下と見られているから、Ｗ杯優勝はまさに夢のまた夢である。

夢と言うよりもむしろ妄想と言うべきものも見られた。「国連は近く本部を北京に移す」である。現在、国連本部はニューヨークに置かれ、北京に移そうとする気配など露ほどもない。第一、深刻な大気汚染のなかで、北京から脱出したいと思っているのは、むしろ当の中国人自身である。

だが、件（くだん）の「民間版中国夢」はやはり、こうした妄想を中国夢の一つとして語りたいようだ。多くの中国人はその心底において、中国は世界の中心であるべきだと考えているからだろう。習近平が掲げる「中華民族の偉大なる復興」はそれなりの民意の基盤でもあるのだ。

さらに「民間版中国夢」には想像を絶する夢が登場してきた。「中国空母が遠征の帰りにハワイ補給基地に帰航」というものである。

言うまでもなくハワイはアメリカの領土であり、いまは米海軍第七艦隊の母港となっている。が、中国人が語るこの中国夢は、ハワイがいずれ中国の領土の一部、しかも解放軍の補給基地になっている。

このとんでもない中国夢の背後には、より大きな青写真がある。もしハワイが中国軍の軍港となってしまった場合、東シナ海や南シナ海を含めた西太平洋全体が完全に中国軍の支配する〝内海〟となるのだ。

そういう意味では、この中国夢はもはや荒唐無稽の一言で片付けられるようなものではない。習政権が掲げている「海洋強国建設戦略」の背後に隠されている大いなる野望は、まさにこの「民間版中国夢」のわずか一行によって語り尽くされているような気がする。

中国のこのような野望が実現されることとなれば、太平洋に囲まれた島国の日本はいったいどうなるのか。実は、民間版中国夢の項目の一つに日本についても挙がっている。

「日本列島で未曽有の大地震が発生、生存者無し」というものだ。

これを目にした時、私は激しい戦慄を覚えずにはいられなかった。多くの中国人が日本民族全員が大地震で死んでしまうことを待ち望んでいると言うのである。

ここまで来ると、日中友好の未来にはもはや絶望するしかないだろう。

それにもまして、「平和を愛する諸国民の公正と信義に」うんぬんというわが日本国の現行憲法の前文がことさらに馬鹿馬鹿しく思えてくるのである。

一部の中国国民と指導者が思い描く陰険にしてふざけた中国夢をただの白日夢に終わらせるためには一体どうすればよいのか。それこそがわれわれにとっての問題なのである。

閑話休題

新華社系雑誌に取り上げられた石平

三年ほど前の話で恐縮なのだが、私こと石平が中国の週刊誌に取り上げられたことがあった。中国最大の国営通信社である新華通信社の傘下にある『瞭望東方週刊』という国際情報を扱う、お堅い系の週刊誌だった。

記事のタイトルは「菅直人の愛読する中国本」。当時日本の首相だった菅直人が新年早々、東京八重洲の大型書店へ行って中国関連本を含めた書籍をいくつか購入したエピソードを紹介しながら、いわゆる「中国もの」の出版物が日本でよく読まれている現状を取材した記事であった。そのなかに次のような記述が出ている。

「書店で並べられている中国関連の書籍を見ると、その大半がいわば中国脅威論を唱えるものである。たとえば、日本に留学後に中国を罵倒することで生計を立てている中国四川人の石平の書いた『私はなぜ「中国」を捨てたのか』、『「日中友好」は日本を滅ぼす！』、日本の右翼評論家である櫻井よしこ著作の『異形の大国中国』などがあるが、この類いの書籍は本屋では大きなスペースで陳列されている――」

以上は、『瞭望東方週刊』記事の石平関連記述の文面の日本語訳だが、当事者の私はそれを読んで嬉しくなくもない。

何しろ言論人の端くれである石平も、とうとう尊敬すべき櫻井よしこ先生と並んで「中国脅威論」を唱える代表格の一人として取り上げられたわけで、それは喜ばしい限りのことではないのか。

嬉しくなる反面、かの『瞭望東方週刊』に文句を言いたいこともあった。

まずは「中国四川人石平」云々はやめてもらいたい。

私は確かに中国四川省の出身であるが、今や日本人であって中国人ではない。せめて「中国四川出身の日本人」と表示してほしいものである。

もう一つ、「中国を罵倒することで生計を立てている石平」という表現は、いかにも新華社らしく意地の悪いものだ。私は確かに、言論活動で印税や原稿料や講演料を頂いて生計を立てているが、私の言論活動の目標はけっしてそれだけのものではない。

だから『瞭望東方週刊』の記者諸君にはこう言ってやりたい。

「この俺様の言論活動の究極の目標は何かというと、それはすなわち、お前らの新華社とお前ら新華社の背後の独裁体制そのものを潰すことだ。何か文句があるのか！」と。

ちなみに、上述の『瞭望東方週刊』記事で褒められた日本人もいた。菅直人首相と宮本雄二元中国大使であり、さすが新華通信社傘下の週刊誌、日本人の誰を批判し、誰を褒めてやるべきかをよく心得ているものであった。

「石平は中国共産党のスパイ」と語った在日中国人

日本国内にも私に向かい攻撃の矢を放った人もいた。

在日中国人評論家の孔健である。

孔健の人となりについて私は論評するつもりはないが、一つの事実だけをここに記しておこう。

二〇一〇年九月に、私と一緒に読売テレビの討論番組『たかじんのそこまで言って委員会』に出演したとき、孔健は「歴史的にみれば尖閣諸島は中国固有の領土である」と主張してこの問題に関する中国政府の立場に同調したことがある。

この孔健がなんと、「石平は中国共産党のスパイだ」と言っていたのである。

実はそれは、上述の『たかじんのそこまで言って委員会』の司会者で有名なニュースキャスターである辛坊治郎氏から聞いた話である。

翌年の一月十四日、私は読売テレビで『たかじんのそこまで言って委員会』に出演者として収録に参加した。本番の収録後、出演者が辛坊氏を囲んで雑談するという「辛坊たまらん、もっと言っても委員会」のコーナーで、辛坊氏からいきなりこう言われた。

「私に石さんのことを中国政府のスパイだと言っている中国人がいる。それは誰かと言いますと、孔健さんですよ」と。

この時の様子は録画されて『たかじんのそこまで言って委員会』のサイトに掲載されているので、簡単に確認することができる。確かに、辛坊治郎氏はそのように言ったのである。

辛坊氏のような立場の人はこんなことでウソを言うはずもないから、それは事実だったのであろう。

つまり孔健は、日本で影響力絶大の辛坊氏をつかまえて「石平が中国政府のスパイだ」との噂を立てていたのである。それはいったい、何の目的だったのだろうか。

辛坊氏の話によると、孔健が「石平はスパイだ」と主張するその根拠も結局、「石平があれほど中国を批判するのに、なぜか中国に自由に入ることができる」との一点ばりであるという。

私もよく存じ上げている、中国政府を厳しく批判している日本の保守陣営の数名の先生方も、中国批判の急先鋒ともなっている日本の月刊誌の編集長も、中国に自由に出入りしているから、孔健の主張は最初から成り立たない。

興味深く思ったのはむしろ、「石平が中国のスパイ」との噂を立てたのが尖閣諸島問題などで中国政府の立場に立つ在日中国人の孔健だということである。

孔健はどういう意図でこのような噂を流したのかは私の知るところではない。彼の名誉もあるのでここで邪推するのも良くない。

ただし、それまでネットで流されていた「石平はスパイだ」という根も葉もない噂に悩まされてきた私は、辛坊氏からこの話を聞いた時、むしろほっとした面があった。

誰の目から見ても中国共産党批判、日本擁護の言論活動を展開しているはずの私が、いったいどうして「中共のスパイ」だと噂されなければならないのかと、それまでずっと不審に思っていたのである。そんな折りに辛坊氏からの情報があった。「なんだ、こういうことだったのか」と失笑してしまった。

それ以上、私はもう何も言わないが、孔健の流した「石平はスパイ」という噂に信憑性があるのか、それはいったい何のために流されたものなのか、といったことに関しては、読者の皆様の賢明な判断に任せば良いのである。

第5章

民と官の断絶

流動人口二億三千万人の受け皿がなくなる

現在の中国ではたとえ一流大学を出ても希望通り就職するのは至難の業である。

中国の場合、七月に大学を卒業し九月からいわゆる新卒が働き始めるわけだが、昨年は三百万人の大学生が職にありつけなかったと政府が認めている。卒業したのが六百九十万人だから、実に四割以上の大学生が就職待機組に甘んじていることになる。

けれども、自国に有利となる数字は水増しし、不利を招く数字については控えめに発表するのが中国当局の〝常〟であることから、就職待機組の数字は実際にはもっと多いはずである。

しかもこの状況は年を追うごとに厳しくなっており、今後、大学生の就職難が社会的混乱をさらに拡大する可能性が高い。

大卒失業者はどういう生活を送っているのか。

その大半は、数年前に日本のメディアで話題になった「蟻族(あり)」になるしかない。

北京市郊外には十万人以上の失業状態あるいは半失業状態の大卒たちが住んでいるという。彼らは暖房も浴室もトイレもない狭い一室に住み、自炊しながらやっと食べていけるような生活を強いられている。

　もちろん北京だけでなく、全国各都市にもこのような人たちが大勢いることが北京大学大学院生の調査で判明している。

　私の親戚にも蟻族となった若者が現にいる。

　大量の蟻族の存在は、政権にとって頭痛のタネであろう。近現代に至る中国史上、富と権力から疎外された若き知識人は常に反乱や革命を起こす中核となってきたからである。

　現在の蟻族の場合、高学歴をもつエリートだと自任しながら社会的立場もなく貧困層同然の生活を強いられる一方、国内の富豪たちの超セレブ生活ぶりや権力による腐敗の氾濫を目の当たりにしており、心中は穏やかであるはずがない。

　近頃ではさらに悲惨な「鼠族(ねずみ)」が登場している。地上の賃貸住宅では家賃が高すぎて住めず、安い地下室に住むようになったという経緯からそう呼ばれている。

　彼らの多くは、この社会がどこかで間違っているのではないかと、政治や社会全体のあり方に懐疑の目を向けていくのだろうが、それはすなわち、革命思想の萌芽となり、中国社会の抱える時限爆弾の一つと化す。

　中国では昔から造反するのは、毛沢東たちもそうだったように、落ちこぼれの知識人と相場が決まっているからである。

ただ、就職難にあえぐのは大学生だけではない。

国家衛生・計画出産委員会の「中国流動人口発展報告二〇一二」によれば、二〇一一年末に中国全国の流動人口は史上最高の二億三千万人に達しているという。中国でいう流動人口とは、安定した生活基盤を持たず職場と住居を転々とする人々のことを指す。

そして全流動人口の八割は農村戸籍を持ついわゆる「農民工」で、平均年齢は二十八歳であるという。

これがどれほど凄まじい現実なのかは、数字を日本に置き換えてみればわかる。日本の総人口は中国の約十分の一の一億三千万人。ということは、日本に二千三百万人の定職をもたない人々がいて、東京から大阪、大阪から九州という具合に日本中を職を求めて流れ歩く状況を考えてみればいい。想像するだけでゾッとする。だが、中国ではこれが現実のものとなっている。

しかも今後、高度経済成長が止まってしまうと、二億人近くいる農民工のかなり多くが受け皿を失うことになる。これもまた中国が不安定となる大きな要素だと思う。

対外的な強硬政策で国民の目を外に向かわせる

これまで膨大な数の農民工に生活の糧を与えていたのは、中国の高度成長を支えてきた対外輸出の急成長と固定資産投資の継続的拡大であった。沿岸地域の輸出向け加工産業が繁栄すると、内陸部農村出身の若者たちが大量に集団就職してきた。

そして不動産投資や公共事業投資が盛んであった時には、農民工の多くは建設現場の労働力として吸収された。つまり、高度成長が継続している間は、農民工は流動人口にカウントされながらも、異郷の都市部で何とか生計を立てることができた。

だが、二〇一一年の後半から、世界的経済不況と中国国内の生産コストの上昇、さらには人民元高が原因で中国の対外輸出が大幅に減速した。加えて金融引き締めによって公共事業投資が激減するなかで、不動産バブルの崩壊が始まり、全国的な「大普請ブーム」はもはや過去のものとなった。

その結果、多くの農民工が輸出産業と建設現場から「余剰労働力」として吐き出される羽目になった。一昨年半ばあたりから、中国の沿岸地域で企業倒産とリストラの嵐が吹き荒れる中で、職を失った農民工の「帰郷ラッシュ」が起きていることが国内の各メディアによって報じられているが、それはまさに、農民工のおかれている厳しい現状の現れであろう。

都市部での職を失って帰郷できるのはまだ良い方である。

前述したように、現在の農民工たちの平均年齢は二十八歳で、二十代が大半である。いわば「農民工二世」の彼らの多くは実は都市部で成長しており、実質的にはすでに農民ではなくなっている。

彼らはいまさら農村部に帰っても耕す農地もないし、農作業のことは何もわからない。彼らにはもはや帰郷すべき「郷」というものがないのである。

農村には帰れず都市部にとどまっても満足に職に就けない彼らの存在は当然、深刻な社会問題となってくる。その人数が億単位にでも達していれば、それこそ政権にとって大変危険な不安定要素となろう。

中国共産党中央党校が発行する『学習時報』が、「新世代農民工の集団的焦燥感に注目せよ」と題した原稿を発表、新世代農民工たちの焦燥感が集団的憤怒に発展するのを防ぐべきだと論じたのは、まさにこの問題に対する現政権の危機感の現れであろう。

中国の歴史上、農村部での生活基盤を失って都市部に流れてくる「流民」の存在は常に王朝にとって大いなる脅威であった。行き場を失った流民の不満暴発はいつの時代も王朝崩壊の引き金となるからだ。

だからこそ中国は無理やりにでも経済成長を維持しなければならなかった。だが、それも叶わなくなった。

習近平政権は今後一体どうやってそういう人々を手なずけて民衆の爆発を防ごうとするのだろうか。

おそらく彼らに残される最後の有効手段の一つは、すなわち対外的な強硬政策を推し進めることによって国民の目を外に向かわせることであろう。

求心力を失った習近平が切羽詰って尖閣諸島の占領に打って出ることも十分あり得るのを、日本は覚悟せねばなるまい。

腐敗に手を染める医者、暴力に訴える患者

昨年後半から中国各地で医療をめぐり凶悪な暴力事件が頻発している。まずはどのような事件が起きたのかを振り返っておこう。

中国浙江省温嶺市第一人民医院で驚くべき殺人事件が発生した。

当医院の耳鼻咽喉科で手術を受けた患者の一人が手術の効果に対する疑問から医院といざこざを起こし、医者の一人を殺し、二人を負傷させた。

この温嶺事件を受けて浙江省内の各医院から数百人の医療関係者が温嶺市に駆けつけ「医療暴力反対」の抗議活動を行い、全国数百の医院からも声援する声が寄せられた。

一件の医者殺しに対し、全国の医療界がそれほど激しく〝反応〟したのには理由があった。このところ全国各地で患者やその家族による医者への暴力事件が多発しているからである。

温嶺事件の発生後、次のような医療暴力事件が各地で起きている。

上海中医薬大学付属病院の「重症監護室」で患者が死亡した直後、医院の救急措置に不満を抱いた親族数名が監護室を打ち壊し、医院の全フロアを飛び回って乱暴をはたらいた。

瀋陽医学院奉天医院では、患者の男が自分の手術で執刀した医者をナイフで刺して重傷を負わせ、自らも飛び降り自殺した。

広州医科大学付属第二医院では、重症監護室で患者が死亡した後、数人の医者が親族に殴打されて重傷を負った。

湖北省黄岡市中心医院では、眼科の若い女医が患者に殴られて負傷した。

江西省南昌市第一医院では、凶器を手にした男が女性看護師を人質に取り医院に抗議する事件が起きた。

ごく普通の市民である患者やその親族がなぜ、医者に対しそれほどの憎悪感を持っているのか？

北京中美創新連合国際疑難病研究院の陳中華（ちんちゅうか）院長は、こうした暴力事件多発の最大の原因が医院と医者の「医療腐敗」にあると指摘した。

腐敗する医院や医者の理不尽によって追い詰められて暴力行為に及んだ患者やその親族にはむしろ同情すべきだと彼は述べている。

「中国の多くの病院ではいま、医者が手術するたびに患者やその家族に法外な袖の下を強要したり、儲けのために患者に不必要な薬を高く売りつけたりするような医療腐敗が横行している」

その結果、患者と家族は医者に対し普段から不信感を抱いており、患者の身に何かが起きれば、本人や親族の憤懣は医者と医院に向いてしまうのである。

前首相の温家宝は「共産党の最大のリスクは腐敗だ」と声高に指摘したものだ。日本人には考えられないだろうが——腐敗は政治家や役人はおろか——裁判官などの司法関係者にも浸透しており、人民の健康や命を左右する医療の世界も例外ではなかったということだ。

自分自身が医院の経営者であり、医者でもある陳がこう語るのだから、かなりの説得力があろう。実際、中国の医療界の腐敗には目を覆うばかりのひどさがある。

たとえば、陝西省渭南（いなん）市富平県の産婦人科医院で、医師が「赤ちゃんに先天的な伝染病や障害がある」と母親や家族に告げ、生まれたばかりの健康な赤ちゃんを人に売った事件が起きた。

また、北京市海淀区にある病院で、患者が逆に医者から暴力を振るわれ、医者・病院職員と患者家族との間で大乱闘が起きるような出来事もあった。

とにかく中国では今、医者や医院が患者とその家族を食い物にする腐敗が広がる一方、患者と家族の医者・医院に対する不信感と憎悪が高まり、それが結局、人の命を救うための医院を暴力と殺人の場にしてしまう事件が増え続けている。

腐敗に手を染める医者、暴力に訴える患者、どちらにしても、病んでいるのは「心」のほうであろう。医院で多発する暴力事件は、この国全体がかかっている深刻な「社会病」の象徴なのである。

近代中国の大文豪・魯迅（ろじん）は若い頃医者を目指していたが、魯迅は中国人の最大の病気は心の病だと悟って、それを治すために文学の道へと転身したという。

この国が今、もっとも必要とするのは、魯迅ではないだろうか。

制止できなくなってきた市井の人々の反乱

毎年中国の国家予算案が発表されるたびに二桁の伸びを続ける軍事費が注目を浴びることになるが、同様に刮目すべきは国内の治安維持費に相当すると考えられる「公共安全予算」の伸びであろう。

二〇一三年度の公共安全予算は七六九〇億元（約十一・四兆円）。これは軍事予算の七四〇六億元（約十・九兆円）を超えており、二〇一一年から三年連続で公共安全予算が軍事予算を上回っていることになる。

ここまで治安維持に予算を投入しなければ、国民の抵抗を抑え切れないのが実状なのだ。治安体制の中心的な機関となっているのは国内安全保衛隊、いわゆる国保。一般の警察に加えて特殊警察を増強するとともに、国家安全部門（国安）、解放軍などが民間警備会社に仕事を振り分け、全国にチェーン展開させている。

インターネット上で政府に不利な書き込みを削除し、有利な書き込みを行っているいわゆる五毛党に対する予算も、公共安全予算から支出されている。

しかしこれほど膨大な予算をかけても、公式発表だけで年間二十万件超も発生する暴動はエスカレートする一方である。

そして最近目立つのは、警察官と市井の人々との関係性の逆転現象だ。

河南省太康県の塘坊村に「違法建築」の調査にやってきた制服警官のひとりが、当事者の村民から暴行を受けた上、丸一日以上「拘禁」された事件が起きた。

昔から「犬が人を噛んでもニュースにならないが、人が犬を噛んだらニュースとなる」との言い伝えがある。この事件の場合、本来なら人を捕まえるのを仕事とする警官が逆に村民によって拘禁されてしまったことはまさにニュースに値するものだ。

ただし現在の中国においては、この程度の揉め事は日常的なもので、もはや珍事でもなくなっている。

四川省成都市で、中学校の女性教師が街の真ん中で警官を殴る事件が起きた。電気自動車に乗った姉が交通違反したことで警官に止められたところ、同乗の女性教師は車から降りるや有無を言わせず警官に平手打ちを数発食わせた。

同じく成都市内では、車の盗難事件の調査にきた警察官が、調査対象となった男が運転する車に跳飛ばされて大怪我を負った。

福建省厦門市内で無免許運転の上、クラクションをむやみに鳴らしたことで警官の取り調べを受けた女は二人の警官に暴行、股間蹴りを食らわせた。

広東省東莞市では、チンピラ連中の乱闘を制止するため駆けつけたパトカーが逆に彼らに包囲され、五人の警官が暴行を受けた挙句、パトカーを引っくり返された、と地元の新聞がその一部始終を詳しく報じた。

このように現在の中国では、市井の人々が白昼堂々と公安警察に反抗して暴行を加えるようになってしまった。

こうなった背景のひとつは、政治権力そのものに対する人々の不満と敵意が中国社会に充満していることである。

多くの国民が不満と敵意をもっているからこそ、身近にある政治権力の象徴である警察官の顔を見るや否や、とにかく一発食らわせてやりたい気分になっているのであろう。

そして、「警官を殴る」という具体的な行動に移したところから、中国社会のもうひとつの重要な変化を読み取ることができよう。

それはいまの中国民衆が警察権力も含めた政治権力を、かつてのように恐れなくなっていることだ。

民衆はむしろ、権力を上から見下ろして「お前らはなんぼのものか」と軽蔑するようになっている。かつては存在したお上に対する敬意や畏怖の念は現在の中国ではすでに消滅し、政治権力の権威はもはやなきもの同然である。

つまり現在の中国では、共産党独裁体制はすでに行き詰まっているだけでなく、秦の始皇帝以来の威圧的な専制主義政治がそろそろ終焉を迎えようとしているように思える。

今後、共産党政権が治安維持費をいくら増額したとしても、殴りまくられている警官たちを頼りにして社会秩序を維持していくのはもはや無理なことだ。

権威がそこまで失墜したなかでの安定した体制維持はますます難しくなるに違いない。

社会の安定維持に疲れ果てる共産党地方幹部たち

本年三月十二日に閉幕した中国の全国政治協商会議の席上、委員の李海浜(りかいひん)は「維穏」という政治的視点から、古典小説の『水滸伝』を題材にした映画やドラマの放映禁止を提案し、波紋を呼んだ。

維穏とは「社会穏定(安定)の維持」の略語だ。近年、民衆による暴動や騒動が多発するなか、中央政府は口癖のようにこのスローガンを唱えるようになっている。要は、維穏とは、政権に対する民衆の反発や反抗を抑えて社会の安定を保とうという意味合いに他ならない。

前述の李海浜委員の理解も同じである。彼は政権側の立場に立って、下からの反乱を描いた『水滸伝』を目の敵にしたのだが、たかが小説がこうも恐れられていることは、現在の共産党政権が「維穏」にどれほど神経質になっているかを浮き彫りにしている。

現に二〇〇九年あたりから政権は「維穏」を最重要な政治任務と位置づけ、全力を挙げてそれにあたる構えとなった。そして二〇一〇年度以降、中国の国家予算に占める「維穏費＝公安費用」の割合が、国防費を超えていることは先に記したとおりである。

国内の治安権限を牛耳る政法委員会は全国津々浦々の町村郷鎮の一つひとつを維穏の第一防衛線と位置づけ、各地に「維穏弁（安定維持統括事務所）」を設置し、民衆のなかの不穏分子を徹底的に監視している。

たとえば、湖南省永州市富家橋鎮に唐慧（とうけい）さんという女性がいる。公安から不当な取り扱いを受けたことを理由にたびたび北京に足を運んで直訴することで有名な人物だが、彼女は今、鎮の共産党支部から「維穏任務の対象人物第一号」に認定され、すべての行動が厳しく監視・制限されているという。

富家橋鎮の党支部書記が上級組織から課せられる最優先任務は唐慧さんの監視であり、彼女の行動を監視するための専属要員までが配置されている。そのためにこれまでに八十万元（千三百万円相当）の公費が費やされてきたと報じられている。

このような大がかりな「維穏工作」は当然ながら富家橋鎮のみならず、全国規模で行われている。そのために過度な緊張と労苦を強いられているのは下層組織の党と政府の幹部たちだ。

昨年七月、四川省某鎮の若き副鎮長が辞職し、さらに福建省の某副鎮長が首つり自殺したことは全国で大きなニュースとなった。

その理由の一つが上から課せられた「維穏任務」の重圧に耐えられなくなったことであるとされている。辞職した四川の副鎮長の話によれば、副鎮長としての一年の仕事の三分の一は「維穏」であったという。

このように現在の共産党政権は人民の反抗を抑え付け「穏安を維持する」というただ一つの目的のために、まさに政権としての総力を傾けている。

逆に言えば、政権がちょっとでも気を緩めれば中国社会の安定は直ちに崩れてしまうのである。維穏とは結局、終わりのない自転車操業のようなものであろう。

この自転車操業の今後はいったいどうなるのか。

人民日報ネット版は昨年七月八日付で、前述の四川省副鎮長辞職に関連してこう指摘している。

「各級政府は最大限の時間と労力を維稳に投入しているが、その効果は一過性なものにすぎない。抑え付けられた人々の不満は結局蓄積していくことになるから、維稳に励めば励むほど社会の安定が崩れる危険性はむしろ高まってくるだろう」

なるほど、さすがに人民日報はよくわかっている。

共産党政権の黒社会化を白日の下に晒した劉漢事件

本年二月二十一日付の中日新聞は以下のように伝えている。

見出しは「四川省『マフィア』殺人罪で起訴」となっている。

……中国国営新華社通信は二十日、湖北省の検察当局が四川省の企業グループトップだった劉漢（りゅうかん）被告ら三十六人がマフィア組織をつくり活動していたとして、殺人など二十一の罪状で起訴したと伝えた。劉被告は中国共産党最高指導部の一人だった周永康（しゅうえいこう）前政治局常務委員（七一）との関係が指摘されており、周氏をめぐる調査案件の一環とみられる。

劉被告らは四川省広漢市や綿陽市などを地盤に地元政府・公安幹部と結託、商売敵など計九人を殺害したなどとされ、被告のなかには地元司法部門の幹部三人が含まれている。

中国公安省は昨年四月から本格捜査を始め、大量の手りゅう弾や銃などを押収、捜査の範団は北京や広東省などにも及んだ。マフィア組織は総額四百億元（約六千八百億円）近い資産をためていた。劉被告は四川省政治協商委員会代表を三期務め、地方政府トップより力があると言われていたという……

劉漢は四川有数の大物経営者として知られていた。彼が董事局主席（取締会会長）を務めた四川漢龍集団という財閥は数十の企業を傘下に置き、金融・証券・不動産・鉱業などの領域に進出して成功を収めた。

地方財界の頂点に立つ劉漢は政治的にも日の当たる場所にいた。逮捕される前まで、記事にもあるとおり、彼は連続三期四川省政治協商会議の委員と常務委員に選出され、民間経営者ながら政権側のエリート層の一員ともなっていた。

しかし、彼の正体は正真正銘の「黒社会」のボス、つまりヤクザの親分であった。新華通信社が配信した関連記事によると、一九九〇年代半ばに賭博専門のゲームセンターの経営から身を立てた劉漢はヤクザ組織を一から作り上げ、商売の競争相手を次から次へと殺していく手口で事業の拡大を図ってきたという。

二〇〇九年までの十数年間、彼の組織は三十数件の凶悪犯罪を犯し、九人を殺した。そして二〇一三年三月に摘発される前には、劉漢の手先となる「地下武装組織」は自動小銃・

拳銃・手りゅう弾などで武装する戦闘部隊に〝成長〟した。劉漢はこの戦闘部隊を手足に使って、自らの商売敵を叩き潰し、公共事業プロジェクトの入札競合者を徹底的に恫喝することによって地元のありとあらゆるおいしい仕事を独占してきた。

そこで吸い上げた潤沢な資金をもって、彼は、四川省の党・政府と公安の要所要所の幹部に賄賂を贈ってことごとく買収、共産党の地方政権そのものを自分の後ろ盾にした。

だからこそ、彼の組織があれほどの凶悪な罪を犯しておきながらも、二〇一三年三月までには一度も司法から訴追されることがなかったわけである。

それどころか、地方政権の上層部に深く食い込んだ劉漢は、自分の商売の邪魔をする地方政府の幹部を更迭に追い込む力まで手に入れた。逆に劉漢の〝事業〟に協力した幹部ならば、彼の推薦のひとつで昇進することもあった。

黒社会のボス兼民間企業家の劉漢は、共産党政権が独占する政治的人事権に首を突っ込めるまで台頭してきた。

このままでは、劉漢の黒社会組織が四川省の共産党政権を乗っ取ってしまう勢いだった。逆に言えば、四川省の共産党政権自体がそのまま黒社会に変質してしまう可能性さえあった。

だが、劉漢の最大の後ろ盾であった共産党中央の元最高幹部、周永康前政治局常務委員が政争に敗れて追及される身となった結果、党中央と公安部の直接指揮下で劉漢とその黒社会集団が摘発され、破滅の道をたどった。

しかし、件の元最高幹部が権力闘争に負けていなければ、劉漢というヤクザのボスは依然として四川の政界と財界に君臨し、ほしいままの暗黒支配を続けていたはずだ。

そう考えてみれば、劉漢が破滅した今でも、彼と同様の大小のボスたちが依然、各地方で跋扈(ばっこ)していることは容易に想像できよう。中国共産党の天下は半ば黒社会の天下ともなっているのだ。

もちろん、共産党政権の体内を侵食していく黒社会の存在は、共産党自身にとっても命取りの「がん」であろう。だからこそ習近平政権はこうした組織の撲滅に全力を挙げようとしている。体制内のがんと戦う傍ら、政権は体制外から中国を変えていこうとする民主派勢力とも戦わなければならない。

共産党の独裁体制はいずれ崩壊するだろうが、しかしその後、中国が法的秩序の下で民主主義国家に変身するのか、それとも劉漢のごとく大小のボスたちが牛耳るような無秩序の暗黒社会となるのか、それはまだ不明である。

蔣介石再評価がもたらすもの

このところ中国では政権によって歪曲された歴史の見直しが民間の手で静かに行われている。

共産党の官製歴史観から自由になろうとする意味において、「中国版自由主義史観」の台頭ともいうべき動きである。

たとえば、蔣介石（しょうかいせき）という近代史の人物に対する再評価はその一例である。

これまで政権側が行ってきた歴史教育では、蔣介石の率いる国民党政府は「反人民的売国政府」として扱われ、蔣介石本人も人面獣心の独裁者、極悪人として描かれていた。

もちろんそれは、共産党によって作り上げられた偽りの蔣介石像にすぎないが、国民党政府と蔣介石がこの通りの悪者でないと、それと闘って勝利した共産党政権は、「人民を解放した救世主」として賛美され、正当化されないという事情があった。

しかしここにきて、でっち上げの蔣介石像が崩れつつある。近年『蔣介石書簡集』や『蔣介石日記解読』などの書籍が中国で出版されて広く読まれているが、それらの書物においては、蔣介石はむしろ民族の独立に大いに貢献した愛国者として、人間味あふれる教養人として紹介されている。

蔣介石と同時代を生きた四川省の素封家の劉文彩（りゅうぶんさい）も、悪人から善人へと再評価された一人である。

私たちの子供時代、劉文彩は教科書に必ず登場してくる人物であったが、彼のことは当然、小作農をひどく搾取しいじめたりするような「悪魔のごとき大地主」の代表格として教えられてきた。

そして学校の先生は劉文彩について講義するとき、いつもわれわれ生徒に向かって「共産党と毛主席が劉文彩のような極悪の地主階級を倒して新中国を作ったからこそ、君たちは幸せな生活を手に入れた」と語っていた。

つまり、劉文彩物語の背後に隠されているのはやはり、共産党が人民を解放したという「人民解放史観」なのである。

が、この劉文彩も今や汚名を返上している。

彼に対する客観的評価を内容とする書籍が出版され、「弱者にやさしくて教育事業の振興に熱心な素封家」という劉文彩像がマスコミに登場してきているのである。劉文彩の子孫、縁者千人以上が故郷に集まって「先祖の遺徳をしのんだ」とも報じられている。

このように蔣介石や劉文彩など、かつては人民の敵とされた人々の名誉回復は着々と進んでいるが、そのことの持つ意味は大きいと思う。

前述のように、中国共産党政権はこれまで蔣介石や劉文彩たちを「極悪人」に仕立てることによって、人民解放史観を作り上げて政権の正当性を主張してきた。

しかし今、その前提となる歴史上の人物像が偽りであることが国民に広く知られることによって、いわば人民の解放という共産党政権の正当性は、その根底部分から大きく揺らぎつつある。

共産党自身がこの問題の重大さを察知しているかどうかがよくわからないが、今のところ、おそらく台湾の国民党政権を取り込もうとする思惑から、政権は蔣介石などに対する再評価の動きを容認しているかのように思われる。

しかし政権の思惑がどうであれ、このようなある意味における寛容さが権力そのものの解体につながるのは必至であるし、多くの中国人民にとり、権力によって押し付けられた歴史観からの脱出は、独裁政治の精神的支配から解放される第一歩ともなるのであろう。

新しい時代へ向かっての地殻変動は、目立たないところで確実に起きているのである。

閑話休題

フランス革命前夜と中国の現状との類似性

このところ中国では『旧体制と大革命』という本が広く読まれているという。著者はアレクシス・ド・トクビルという十九世紀のフランス人歴史家で、その内容は、フランス大革命の特徴や原因についての考察である。

同書が中国で読まれるきっかけをつくったのは、共産党政治局常務委員であり中共中央規律検査委員会書記でもある王岐山であった。

彼がある会議の席上で同書を推薦して以来、にわかに脚光を浴びることになった。新聞や雑誌は盛んにその内容を取り上げて紹介し、売り切れ書店が続出するほどの人気を博した。

十九世紀のフランス人の書いた本が中国でそれほどの反響を呼んだのは、王岐山の推薦以外に、より深い理由があると思う。

それについて人民日報（海外版）は、「中国国内の現状が大革命前夜のフランスのそれと類似しているからこそ、本書は中国で大きな注目を集めた」と明快な論評を掲載している。

中国の現状と当時のフランスがいかに類似しているかについて、同論評は次のような分析を行っている。

「大革命前のフランスでは、貴族たちが憎むべき特権にしがみつき、人民の苦しみにまったく無関心で自分たちの独占的な利益の維持だけに汲々としていた。それが旧体制につきものの『社会的不平等』をさらに深刻化させて大革命の発生を招いた。

同様に、昨今の中国では貧富の格差が拡大して社会的不公平が広がり、階層間の対立が激化している。このような状況下では、民衆の不平不満が増大して社会が動乱に陥る危険が十分にある」

同論評とほぼ同じ分析が多くの学者やメディア関係者からも示された。

どうやら中国のエリートたちがこの本を読んで連想するのは中国での革命であり、彼らの懸念はやはり、フランス革命のような大革命の嵐がいずれ中国の大地で吹き荒れるのではないか、ということに集約されているようだ。

今の時代、当のフランスにしても同じく先進国のアメリカや日本にしても、仮に誰かが「この国で革命が起きるぞ！」と叫ぶなら、それは単なる冗談として一笑に付されるだろう。だが中国の場合、革命や動乱の発生はむしろ現実味のある可能性として意識されている。

現に国家主席であった胡錦濤は党大会において国が滅びることとの危険性に厳粛に言及しているし、この危機感を受け継いだ習近平政権は現在、民衆の不満を和らげるための「腐敗撲滅運動」の推進に全力を挙げている。

彼らはやはり、下からの反乱と革命による〝亡国〟を恐れているのである。

もちろん、「上から」の撲滅運動の推進で共産党幹部の腐敗が根本的に抑止されるようなことはまずないと思う。腐敗の温床はそもそも共産党が敷く一党独裁の政治体制そのものであるから、この旧体制にメスを入れない限り、腐敗の蔓延は永遠に止まらない。

そうすると、大革命の発生という悪夢は常に、この政権につきまとってくるのである。

結局、上からの変革を断行することによって一党独裁体制に自ら終止符を打つのか、それとも「下から」の革命によって国が滅ぼされる運命を迎えるのか、それこそが今後の習近平政権に迫られる究極の二者択一なのである。

第6章

立ちすくむ経済

ついに始まった史上最大の不動産バブル崩壊

戦前の日本を代表する外交官で四度外相を歴任、国際協調路線論者として知られた幣原喜重郎はかつて中国をこう評していた。

「何処の国でも、人間と同じく、心臓は一つです。ところが中国には心臓が無数にあります。一つの心臓だと、その一つを叩き潰せば、それで全国が麻痺状態に陥るものです。たとえば日本では東京を、英国では倫敦を、米国では紐育を、仮りに外国から砲弾壊滅されると全国は麻痺状態を起す。取引は中絶される。銀行だの、多くの施設の中心を押えられるから、致命的な打撃を受ける。しかし、支那という国は無数の心臓をもっているから、一つの心臓を叩き潰してもほかの心臓が動いていて、鼓動が停止しない。すべての心臓を一発で叩き潰すことは、とうてい出来ない。だから冒険政策によって、支那を武力で征服するという手段を取るとすると、いつになったら目的を達するか、予測し得られない」

（『落日燃ゆ』城山三郎著より抜粋）

昭和二年、英米から中国に対する共同出兵を迫られ、それを拒んだ時のことだった。

ある意味慧眼であるし、これはそっくり現在の中国経済にもあてはめることができるはずである。

「上に政策あり、下に対策あり」は中国人が行動するうえでの基本思想である。国有銀行が国有企業にばかり融資し、私的企業に極端に貸し渋りするなかでシャドーバンキングの融資額が異様に膨張してきたことでもわかるように、中国はいわゆる〝地下経済〟で動いている。

当然ながら、地下経済の売上高は中国の経済統計には反映されていない。これはイタリアやスペインなどにも通じることだが、おそらくそうした地下経済のボリュームのほうが地上経済を凌駕している分野は相当ある。

中国の実態を知悉する数少ない本物の専門家は、「地下経済が中国の経済システムをうまく補っている」とさえ語る。

だが、ここにきての中国各地における不動産価格の急落は、中国がもつ無数の心臓がついに停まろうとしている、バッファー（緩衝）として機能してきた地下経済をもってしても支えきれなくなってきたことを示している。

これまで中国の不動産は都市部を中心にバブル形成とミニバブル崩壊を繰り返しながら、結果的に右肩上がりとなっていた。実際には北京、上海、広州、深圳などの大都市においては何度もミニバブル崩壊を経験してきた。

ところが、国土の広さゆえにバブルが崩壊してもタイムラグがありすぎて、次なるバブル形成が始まってしまったことから、決定的なバブル崩壊を逃れるというパターンを繰り返してきた。だが、今回、ついに命運が尽きたようだ。

不振を極める不動産販売

二〇一四年二月半ば、中国華東地域の中心都市である杭州市の不動産市場に大異変が起きた。

十八日、同市内で分譲が始まった新築マンション「北海公園」が当初の予定販売価格の一八八〇〇元／一平米から大幅に値下げして一五八〇〇元／一平米で売り出された。予定販売価格より三割近くの値下げは前代未聞の出来事であった。

そして翌十九日、前月から分譲中のマンション「天鴻香謝里（シャンゼリゼ）」は突如、一七二〇〇元／一平米の販売価格を大幅に〝調整〟して一三八〇〇元／一平米で売られることになった。

こうした大幅値下げを受けて何が起こったか。値下げ前に物件を購入した顧客たちが猛反発、物件の販売センターに押し寄せて破壊行為を行ったのである。

杭州で起きたこの二つの値下げ事件は、注目すべき大ニュースとして全国的に報じられ、不動産市場全体に大きな衝撃を与えた。

経済専門全国紙『証券時報』は二十日の一面記事で、「杭州の街で不動産価格暴落の引き金が引かれた」と報じた。

翌二十一日、同じく経済専門全国紙『経済参考報』が掲載した記事では、「杭州で始まった不動産価格の暴落はそのまま全国に広がるのだろうか」と全国の不動産市場への波及を危惧した。

華東地域の中心都市とはいえ、杭州という一地方都市の二件程度の不動産価格暴落が全国的に注目され、危惧されている背後には何があるのか。それは国全体の不動産バブル崩壊が迫ってきているという認識が定着している、という事実であろう。

つまり、この国の不動産バブルはいつ崩壊してもおかしくないという状況下、崩壊がいつ始まるのか固唾をのんで見守っている関係者やマスコミにとって、杭州の値下げニュースはまさに、この恐ろしい瞬間の到来を告げるような出来事となったのだ。

中国では昨年末から、不動産バブルの崩壊を危ぶむ声があちこちで聞こえた。たとえば十二月二十一日、北京中坤投資集団会長で全国工商連合会不動産商会副会長の黄怒波(こうどは)は、北京市内で開かれたフォーラムの席で、スペインにおける不動産バブル崩壊を引き合いに出して、「スペインの現在は中国の明日、中国で次に倒れるのは不動産業だ」と発言した。

一週間後、同じく全国工商連合会不動産商会の常務理事を務める経済評論家朱大鳴(しゅたいめい)の論文が多くのメディアに掲載されたが、そのなかで朱は「不動産バブルは一旦破裂したら取り返しのつかないこととなる」と述べ、今後数年、「このような事態の到来に備えるべきだ」と警鐘を鳴らした。

中国の不動産業の中枢に身をおくこの二人が口を揃えてバブルの崩壊を警告していることから、事態の深刻さは推して知るべしだが、実は今年の一月に入ってから、両氏の警告はいよいよ目の前の現実として現れ始めたのである。

たとえば二月、前述の経済参考報など複数の経済専門紙は、今年一月に中国全国の九割以上の都市で不動産の成約件数が前月比で大幅に下落したと報じた。

一部の都市では半分程度の下落幅さえあるという。具体的には、大連では五三%、深圳では四四%の凄まじい下落が記録されている。

昨年半ばに始まっていた崩壊序章

要するに、二〇一四年に入ってから不動産は全国一斉に売れなくなってしまったのだ。

不動産販売が不振を極めれば、当然ながら、物件の販売価格は大きく下振れせざるを得ない。

二月十六日、著名な民間経済評論家の呂諫（りょかん）が自身のブログにおいて、「一部の都市で不動産価格の暴落が始まった」と報告した。

二月十八日付の経済専門全国紙『中国証券報』は、中国の多くの中小都市で不動産価格暴落の個別ケースが観察されており、廈門、温州、海口、洛陽などの地方中堅都市では不動産価格の全体的下落がすでに始まっていると伝えた。

十九日、中国最大のニュースサイトの一つ『捜狐網』の財経綜合報道コーナーは、「中国不動産バブル崩壊の五つの兆候」と題する記事を掲載した。不動産市場の冷え込み、大手開発業者の売り逃げなどを指摘、不動産価格の暴落が間近に迫って来ていると警告を発した。

まさにこのような流れのなかで、前述の杭州不動産市場の値下げ事件は起こるべくして起こったわけで、それは間違いなく、中国における史上最大の不動産バブル崩壊劇の幕開けを告げたものといえる。

実は、この崩壊劇の序章は二〇一三年六月にすでに始まっていた。

二〇〇九年末から中国では高水準のインフレが続き、二〇一一年夏にはいったんピークに達した。ところが昨年初から深刻なインフレ再燃の兆候が顕れていた。

そして昨年六月には、食品を中心とする物価高騰が貧困層の生活苦に拍車をかけ、社会的不安が拡大して政権の崩壊につながりかねないレベルに達した。

政府はようやくこの時点で中央銀行からの資金供給を抑制する方針を固めた。共産党機関紙の人民日報が金融政策に関する論文を立て続けに六つも掲載し、中央銀行は資金供給の〝放水〟を今後はいっさい行うべきではないと論じた。これを受けて、中国人民銀行総裁の周小川が六月二十七日、「中央銀行としては今後も引き続き穏健な貨幣政策を貫く」と強調したのはまさに金融引き締め政策の意思表示であった。

銀行の住宅ローン停止が招くもの

このような流れのなかで、昨年九月を起点として金融当局は不動産市場の生死を決める一つの重大な措置に踏み切った。

まずは九月初旬、北京、上海、広州、深圳など主要都市において複数の商業銀行が住宅ローン業務を停止すると発表した。

それから遅れること一週間、成都、重慶、済南、南京、洛陽、合肥などの地方の大都市においても、多くの商業銀行が住宅ローン業務の停止あるいは貸し出しの制限に踏み切った。

そして同月下旬には、全国のほとんどの商業銀行もとうとう住宅ローン業務を停止し、足並みをそろえた。

金融不安が拡大するなか、各商業銀行は保身のためにリスクの高い不動産関連融資から手を引いたのだ。今後は、中国の不動産バブル崩壊へと向かう連鎖反応が確実にもたらされるはずである。

まず第一段階。各銀行が住宅ローンへの貸し出しを停止することになると、これまでローンを頼りに住宅を購入していた国民の大半は、今後、住宅に手を出せなくなる。そうなると、全国の不動産は売れなくなって在庫が余ってくる。

二〇一三年九月時点で全国の売れ残りの不動産在庫が六千万件との試算もあるが、在庫が膨らむにつれてデベロッパーたちの資金繰りはますます苦しくなってくるのは必至であろう。これが第二段階だ。

そして、資金繰りの苦しさが限界に達した時に第三段階がおとずれる。つまり、デベロッパーたちは生き残るために手持ちの不動産在庫を大幅に値下げして売り捌くしかないところまで追い詰められる。

いったんどこかのデベロッパーがこれを始めると、物件価格の値下げスパイラルが加速し、やがて価格暴落を招く。

これはいつかきた道であり、いつか見た光景である。二十年前の日本も同じ道をたどったし、近年においてはスペインが不動産バブル崩壊に見舞われた。中国だけが例外となることはあり得ない。

中国を破滅させるシャドーバンキング問題

金融市場で膨張を続ける「理財商品」の償還が今年ピークに達し、その額はなんと五兆元（約八十二兆円）にものぼるという。

理財商品とは、中国の個人向け資産運用商品の総称。簡単に言えば、通常の国有商業銀行以外の信託会社や証券会社を含むいわゆるノンバンク（これが影の銀行・シャドーバンキングの正体）が個人投資家から資金を集めて、企業や不動産開発プロジェクトに投資するものである。高い利回りと引き換えに元金の保証がまったくない、リスクの高い金融商品だ。

中国のシャドーバンキングの総額は三十兆元といわれ、この数字は中国のＧＤＰの実に五五％にも相当する。

早くからヘッジファンドの大物ジョージ・ソロスは、「金融当局の監視の目が行き届かない点で、シャドーバンキング問題はあのサブプライムローンと酷似している」と喝破していた。

実は今年一月末に満期を迎える中国工商銀行が販売していた三十億元の理財商品が債務不履行（デフォルト）に陥りかけた。デフォルト寸前のタイミングで中央政府が救いの手を差し延べ事なきを得たが、これはこれで投資家のモラルハザードを引き起こすわけで、何度も使える手ではあるまい。

いずれは理財商品のデフォルトが頻発し、理財商品に頼ってきた「融資平台」と呼ばれる地方政府傘下の投資会社や地元の不動産開発会社は経営危機に陥るだろうし、銀行への連鎖は免れない。

中国国内大手研究機関である中銀万国証券研究所によると、理財商品の資金の約五二％が不動産投資や地方のインフラ開発に投じられているという。実はそれこそが理財商品のみならず、中国経済全体にとっての致命傷となる問題なのである。

と言うのも、本章で記してきたとおり、すでに今年の二月あたりから中国における不動産バブルの崩壊が本格化しているからだ。

問題は、不動産バブルが崩壊した後に中国経済がどうなるのかである。

中国のGDPに対する不動産投資のシェアは十六％にも達している。バブル崩壊に伴う不動産投資の激減は当然、GDPの大いなる損失、すなわち経済成長のさらなる減速につながるに違いない。

しかも、バブル崩壊の中で多くの富裕層、中産階級が資産を失った結果、成長を支える内需はますます冷え込み、経済の凋落にいっそうの拍車をかけることとなろう。

ただ、被害はこの程度のものでは済むはずもない。

バブルが崩壊して多くの不動産開発業者が倒産に追い込まれ、彼らに膨大な資金調達したシャドーバンキングが共倒れを喫し、その背景となった膨大な借入金や不良債権を抱える地方政府や国有企業の現実が白日の下に晒されるとき、中国に未曾有の社会不安が起きるのだと思う。

そして、その負のスパイラルの影響は世界に伝播するはずである。

沸き起こる第三次移民ブーム

二〇一二年、中国からカナダへの移民数は三万三千人にのぼり、中国はカナダへの最大の「移民輸出国家」となった。

「中国国際移民報告（2012）」によると、現在、中共建国以来三度目の「移民ブーム」が起きているという。過去二度の移民ブームと比べて異なるのは、今回は富裕層と企業家が主力であるということ。

報告によれば、一千万人民元（約一億七千万円）以上の資産を持つ中国国民の六割はすでに海外へ移民したか、あるいは移民を検討している。さらに、個人資産一億元以上の富豪についても二七％が移民済みで、四七％が検討中であるという。

移民先はカナダ、アメリカ、オーストラリア、南欧など。

ただし、投資移民制度をいち早く導入したカナダは本年二月に同制度の廃止を決めた。理由は大半を占める中国人移民からの税収増が期待したほどでなかったと、カナダ財務省は示している。

これにより中国人のアメリカへの投資移民にますます拍車がかかりそうだ。ここ数年、アメリカへの移民申請者の八割以上が中国人であるという。

今後中国の経済と社会を支えていくはずの企業家と富裕層による雪崩のような移民ブームは当然、国内で大きな問題となっている。

昨年の全国人民代表大会では、代表の一人である企業家の王挺革（おうていかく）が、「移民による人材と富の流出は甚大で、国家が被る損失はあまりにも大きい」と指摘し、「一刻の猶予もなくそれを食い止めなければならない」と提案した。

世界第二の経済大国となった中国の富裕層と企業家たちが競って海外へ移民するのはなぜなのか。

前述の王が一番の理由として挙げているのは、「富裕層がもつ財産の安全に対する懸念」である。つまり、カナダなどの法治国家では個人資産がきちんと保護されているが、体制の違った中国で自分たちの財産が果たして大丈夫なのかという懸念が、中国の富裕層を海外移民へと駆り立てる最大の理由となっているのである。

もちろんそれは王だけの意見ではない。

『中国企業報』は企業家の移民ブームを取り上げた新聞記事のなかでやはり、財産の保持に対する懸念、もっと言うならば危機意識を移民の理由の一つに上げている。高名な経済学者で北京大学光華管理学院教授の張維迎も、「中国の企業家たちに安心感がもたらされないため移民ブームが起きている」と語り、政府に反省を求めたと報じられている。

問題の根っこは、やはり政治体制にある。

一九九〇年代以来、共産党政権は「社会主義市場経済」を打ち出して独裁体制下での市場経済の発展を推進してきたが、そのなかで党と政府から独立した企業家階層が大きく成長を遂げてきた。

その一方、旧態依然の独裁体制の下では、絶大な権力を握る政府各部門が権力を嵩にきて企業家たちを食い物にし、さんざん苛めてきた。しかも、党と政府の力が法律を完全に凌駕している状況下では、権力はその気になれば企業家の財産と身の安全をいとも簡単に奪うことができるし、実際に実力行使したケースは枚挙に暇がない。

だからこそ莫大な財産を蓄積してきた企業家たちは究極の安全対策として海外移民へと走ってしまった。要は、彼らは身の処し方によって体制への離反を表し、いわば社会主義市場経済の破綻を告げているのである。

このままでは、国内からほとんどの金持ちが逃げ出してしまい、独裁政権と貧乏人だけが残ってしまうという、中国自身にとっての最悪の事態になりかねない。それでは、中国の経済と社会が崩壊するのも同然である。

つまり、これまで中国に成長と安定をもたらしてきた鄧小平路線はここにきて完全に行き詰まっているのだ。

市場経済を残して独裁体制をなくすのが、この国に残される唯一最善の道であろうが、現在の習近平政権下では望むべくもない。そこに中国の絶望がある。

中国売りを加速する財神

東南アジアを中心に欧米、果てはアフリカにまで進出、世界各地において経済的地位を固めてきた華僑。そうした華僑を含めて中華民族が現在の「財神」と崇めるのが香港の李(り)嘉誠(かせい)である。

一九二八年、中国広東省潮州に生まれた李嘉誠は徒手空拳からスタートし、一代で個人資産数兆ドル、『フォーブス』誌の長者番付の常連にまで上り詰めた。

手がけた最初の事業は造花の代名詞となったホンコンフラワーの製造・販売であった。ホンコンフラワーの成功を橋頭堡(きょうとうほ)に、不動産、建設、貿易、電力、石油、通信、ホテル、小売などを手掛け、彼は一代で香港最大のコングロマリット・長江財閥を築き上げた立志伝中の人物となった。

李嘉誠は一九九七年の香港の中国返還後、中国本土の事業に莫大な投資を行い、他華僑財閥グループもそれに倣った。要は、華僑ビジネスマン全体のベンチマーク的存在が李嘉誠であった。その李嘉誠の長江実業が南京市内で所有していた大型物件国際金融センタービルを売却したことで、年明けから中国の不動産業界全体が浮足立った。

実は昨年九月、李嘉誠は中国の不動産ビジネスからの全面撤退を表明、長江実業グループは中国国内に所有する不動産物件を次々に売却、総額は四百十億香港ドルにおよんだ。

メディアはこうした李嘉誠の動きに対して、「欧州重視のポートフォリオに変更したため」と見当違いな見立てをしているが、それは違う。表明どおり中国の不動産バブル崩壊を見越した〝手仕舞い〟を粛々と進めているのに他ならない。

むろん中国の不動産ビジネスからの全面撤退はＦＲＢの量的緩和縮小とは無関係ではない。すでに市場から投資マネーが引き上げられている新興各国の不動産市場はきわめてリスキーな環境を呈しており、中国だけが無傷で済むはずがない。

そうした経済状況に加えて、習近平政権による露骨なまでの「国進民退」政策が李嘉誠の中国売りを促した。なぜなら習近平のやり方は、元来グローバルスタンダードの土俵で自由なビジネスを展開してきた李嘉誠のスタンスに逆行しているからである。

李嘉誠は習近平が今後さらに「反市場経済的」な圧力を加えるものと予測しているに違いなく、おそらくこれが李嘉誠の中国に対する諦観を強めた。

損切りも含めて彼の中国の不動産事業からの撤退スピードは今後ますます加速していくと思われる。

こうした財神のアクションに華僑ビジネスマンたちが追随するのは必至の情勢である。

閑話休題

経済成長と両立しない環境問題の解決

あるテレビ番組で共演した森本敏前防衛相は中国が抱える問題点について、「成長と利潤のためなら人命さえも犠牲にしてしまうことだ」と喝破されたが、私もまったく同感である。

たとえば世界保健機関（WHO）から最高レベルの発がんリスクがあると指摘されたPM2・5に代表される環境問題にしても、この十年間にわたりいっこうに改善されず、悪化の一途をたどった。

その原因が中央政府にあるのは明明白白で、政府の最優先課題がなんとしても高い経済成長率を保つことにあるからに他ならない。仮に環境問題の解決に本腰を入れるとなると、肝心の成長率が下がってしまう。だからやりたくない。

そうした姿勢は本年三月に閉幕した全人代でも垣間見られた。

李克強首相は全人代での政府活動報告の中で、「汚染問題との断固たる戦い」を宣言し、環境破壊行為を行った企業などに対して、損害賠償や、操業停止など責任を追及する制度を導入、対策を大幅に強化すると示した。

だが、その本気度はまったく信用できない。

なぜなら、環境汚染に厳しく向き合う姿勢を見せる一方で、高度経済成長を求める姿勢を改めていないからである。

二〇一四年度の経済成長率は、二〇一三年度と同じ七・五％程度を打ち出している。中国の場合、経済成長率が鈍化すれば雇用悪化を招き、社会不安を引き起こすという懸念を常に抱えているわけだから、いかんともし難いというのが本音であろう。

したがって、経済成長と環境問題の改善の両立はあり得ない話だが、中国が地域限定で環境問題を解決しようとするならば、私は可能だと思う。

最近、北京市政府は同市内の空気清浄化プロジェクトのため、約一・五兆円にも上る予算を計上した。

なぜこれが許されたのだろうか。

簡単な話である。要は、習近平国家主席が北京に住んでいるからだ。習近平はじめ中南海に暮らす共産党指導者たちが汚い空気を吸いたくないからだ。

おそらく数年以内には北京の空気はすがすがしいものに変わっているはずである。

第7章

防空識別圏騒動の真相

荒唐無稽な中国側の設定

二〇一三年十一月二十三日、中国政府は唐突に東シナ海上空における防空識別圏の設定を発表し、同日午前十時（日本時間同十一時）からの施行を宣言した。

この中国の一方的な設定について懸念を強めたのは当事者の日本だけではない。日本同様、中国と防空識別圏が重なる韓国が反発したのをはじめ、なによりもアメリカが東アジアの国際秩序を大きく揺るがす挑発行為だとして、中国を強く非難するに至った。

中国の防空識別圏設定から一週間にわたり展開された「日米vs.中国」攻防戦の一部始終を記してみたいと思う。

防空識別圏とはその名称通り、防空上の必要から自国の領空に接近してくる他国機を「識別」して、それに対する緊急発進などの措置をとるかどうかを判断するために設定する空域のことである。

通常は自国の領空よりもさらに広範囲の空域を設定して、他国の飛行体がこの空域に入ってきた場合、直ちにその機種などを識別、自国の領空を侵犯する可能性があるかどうか、自国の防衛上の脅威となる飛行体であるかどうかを判断して相応の措置をとる。それがすなわち「防空識別圏設定」の意味である。

重要なポイントの一つは「識別」という二文字にある。

つまり識別圏というのはあくまでも、他国機に対する識別のために設定したものであって、他国機の航空の自由を〝制限〟するものではない。防空識別圏は領空ではないから、ある国が自国の識別圏として設定した空域には、他国の飛行機は自由に進入し通過することができるのである。

以上は一般で言うところの防空識別圏の性格であるが、もし中国が単にこのような意味での防空識別圏を設定したのであれば、それは特に何の問題もない。多くの国々がすでにやっていることをやり始めただけのことであるからだ。

しかし問題は、中国が設定した防空識別圏はまったく〝異質〟なものであるということだ。

まず、中国が設定したこの識別圏には、尖閣諸島上空の日本の領空も含まれている。他国の領空を自国の防空識別圏に入れてしまうようなことはまさに前代未聞の乱暴なやり方であり、日本にとっては当然、断固として拒否すべきものである。

そしてそれよりもさらに大きな問題となっているのは、中国の設定した防空識別圏は、中国領空に接近する航空機だけでなく、空域を飛行する航空機全般を〝対象〟とするものだということである。

しかも中国は、設定空域を航行する航空機に飛行計画の事前届け出を求め、識別に協力しない、または指示を拒否した航空機に対しては、中国軍が「防御的緊急措置」を行うと警告しているのである。

中国は、自分たちが設定した識別圏を〝事実上〟の領空にしてしまい、この空域における他国機の航空の自由を奪おうとしているのである。あたかも公共道路に隣接する一軒の家が、公共道路までを自分の家の一部に設定し、道路を歩くすべての人々に「俺の許可をもらえ」と命じたかのような荒唐無稽な話である。

つまり、中国の狙うところは、通常の防空識別圏の設定ではなく、特異な防空識別圏の設定による事実上の〝領空拡大〟なのである。これこそが問題の本質である。

一触即発の危機に瀕していた米中

もちろん、自国の領空を広げて、東シナ海上空における航空の自由をすべての国々から奪おうとするこの覇権主義的暴挙は、一番の当事者である日本はもとより、アジア地域の秩序維持に多大な関心を持つアメリカも許すわけにはいかない。

実際、中国の設定した防空識別圏には戦闘機訓練のために日本政府が在日米軍に提供している沖縄北部訓練区域の一部が含まれていることから、中国の要求する通りなら、米軍機の日常的飛行訓練もいちいち中国に通告して許可をもらわなければならない。

それは当然、アメリカが受け入れられるものではない。

案の定、防空識別圏設定直後から、日本政府は中国に猛抗議してそれをいっさい認めない立場を強く表明したのと同時に、アメリカ政府も間髪を入れず反対の立場を表明した。

中国側の防空識別圏設定発表当日、アメリカ政府はまずこの一件に関し、地域の緊張を高めるとして「強い懸念」を中国側に伝えた。そしてケリー国務長官と、ヘーゲル国防長官は相次いで中国の防空識別圏設定を批判する声明を出した。

ヘーゲル長官は声明のなかで、中国側の一方的な行動を強く非難した上で、防空識別圏の設定について「この地域における米軍の軍事作戦の遂行に一切変更はない」と宣した。

中国の挑発を受けて立つアメリカの毅然とした姿勢が明確に示された。

アメリカ国防総省のウォレン報道部長も二十五日、中国が設定した防空識別圏を認めず、中国側の要求には応じないとの方針を強調した。

ウォレン氏は中国側が、米軍などの航空機が飛行する際、経路の通報など四点を要求しているとを指摘したうえで、「われわれは識別圏を飛行する際、（中国に）飛行計画を提出せず、無線周波数などを認識させることもしない。米軍機は（中国が求める）措置を一切とることなく飛行できる」と語った。さらに「米軍は（日本などの）同盟国との軍事行動も含め、行動を変更するつもりはない。われわれは常に、自衛能力を保持している」と警告した。

このヘーゲル長官の声明とウォレン報道部長の発言は実に重要である。

つまりアメリカ側は中国の防空識別圏の設定、すなわち「領空の拡大」をいっさい認めないだけでなく、実際の軍事行動においてもそれを完全に無視して、中国が設定した空域への通常通りの飛行を今後とも行うことを宣言したわけである。

それに対して、中国政府と中国軍は最初はよりいっそうの強硬姿勢で対抗する素振りを見せていた。

たとえば中国共産党機関紙・人民日報系の『環球時報』は二十五日、もし日本の戦闘機が中国の防空識別圏内で中国機の飛行を妨害するなら、中国の戦闘機も断固として日本の戦闘機の飛行を阻むべきだと主張した。

続く二十六日には、中国国防大学の孟祥青（もうしょうせい）教授（上級大佐）は中国中央テレビ（CCTV）に対し、「外国の飛行機がわが国の防空識別圏に入れば、私たちの防空ミサイル部隊も警戒状態に入る」と語った。あたかも中国はすでに臨戦態勢を整えたかのような好戦的な言い方である。

そして同日、中国空軍の申進科（しんしんか）報道官（大佐）は、「中国人民解放軍は防空識別圏をコントロールする能力がある。安全を保障するため脅威に応じて適切な措置をとる」と述べた。

これは「米軍機は（中国が求める）措置を一切とることなく飛行できる」という米国防省のウォレン報道部長の上述の発言に対する中国空軍の正式な反応だと理解すべきであろう。つまり、もし米軍機が中国からの「許可」を得ずして防空識別圏に入ってきた場合、「適切な措置」、すなわち軍事的対抗措置をとることを、中国空軍が堂々と宣したのである。

この時点で、中国の防空識別圏設定をめぐっての日米両国と中国との対立は米軍と中国軍との対立に収斂してしまい、米中はまさに一触即発のような全面対決の様相を呈していたのである。

結局何もできなかった中国軍

この世紀の対決に電光石火の決着をつけたのは、結局、米軍による敢然とした行動であった。

十一月二十六日、米軍のB52爆撃機二機は、中国が東シナ海上空に設定した防空識別圏内を事前通報なしに飛行した。アメリカ側の発表によると、中国側から二機に対する呼びかけや戦闘機の緊急発進（スクランブル）は一切なかった。

二機はグアムのアンダーセン空軍基地を離陸し、防空識別圏内に入った。尖閣諸島（沖縄県石垣市）の上空周辺を飛行した後、アンダーセン基地に帰還している。

当時、固唾をのんで事態の推移を見守っていた私は、このニュースを耳にした時、さすが米軍、よくやったではないかとの感銘と、より重大な事態を呼び起こすのではないかという懸念が一瞬頭をよぎった。

中国軍が「防空ミサイル部隊が警戒状態に入った」と公言したなかで、中国に対する事前通報なしで、しかも爆撃機による中国の防空識別圏の通過は、中国政府と中国軍に対するあまりにも大胆不敵な挑戦行為だからである。

しかし意外だったのはむしろ中国軍の反応の仕方であった。

中国軍は結局、米軍の爆撃機に対しては警告もしなければ緊急発進もすることなく、ただ見守っていただけであった。爆撃機通過の翌日、中国国防省は「中国軍は（米軍機の）全航程を監視し、直ちに識別した」との談話を発表したが、それは逆に、彼らは単に「監視」していただけで、何の行動もとらなかったことを〝自白〟したようなものである。

つまり中国軍は米軍機の防空識別圏「侵入」に何の反応も示さなかったわけである。その直前の数日間、中国軍関係者が臨戦態勢を示唆したり、緊急措置をとることを公言したりして対決への「決意」を語ってみせたが、いざ米軍機が入ってきた時、彼らは結局何もしなかったのである。

また、二十八日には日本政府も自衛隊機が中国の防空識別圏内を飛行したと発表。日本の自衛隊に対しても、中国軍はいっさい反応しなかった。

つまり、中国は結果的に、日米両国の軍機による通報なしの防空識別圏通過をいとも簡単に許してしまったが、前後の経緯からすればそれは当然、中国軍と習近平指導部の面子の丸潰れを意味するような大失態なのである。

だがこの出来事の持つ意味は単に中国の面子を潰しただけの話ではない。

防空識別圏の一件をめぐる日米と中国との攻防はこれで勝敗が決まったからである。

普通の防空識別圏に戻らざるを得なくなった中国

中国の設定した防空識別圏は単に「識別」するだけの通常の識別圏ではなく、他国機の通過に「事前通報」を強要してその飛行の自由を奪おうとする特異なものだと先に述べた。つまり、防空識別圏の「領空化」こそが中国側の狙いであり、問題の本質なのである。

それに対して、日米両国はいっさい認めない姿勢を示しただけでなく、実際に軍機を派遣して事前通報なしの自由な飛行を敢行した。しかしそれに対して中国側はいかなる反応も対抗措置もとることができなかった。

要するに、この時点では中国側の設定した特異な防空識別圏はすでに日米両軍によって破られてしまった。骨抜きにされてしまったのである。

中国側はその後、米軍機と自衛隊機を「識別し監視している」と発表したが、しかしそれでは彼らの防空識別圏は普通の防空識別圏に戻ったことを意味する。つまり、防空識別圏の領空化を狙う中国の目論みは失敗に終わったのである。

中国の敗北に追い討ちをかけるかのように、韓国国防省も二十七日、海軍の哨戒機一機が二十六日、中国が設定した防空識別圏内の上空を、中国に通報せず飛行したことを明らかにした。

このニュースが中国国内に伝わると、「わが国の防空識別圏はただの公衆トイレ、誰でも自由に入って小便して帰る」という下品なジョークが直ちに中国のネット上で流行ることとなったが、中国政府の失態と失敗が中国国民の知るところとなったことがわかる。

おそらく国民の厳しい目を意識したのであろう。中国国防省は二十八日になって、東シナ海上空の防空識別圏に入った自衛隊機と米軍機に対し戦闘機の緊急発進を行ったと発表したが、それに対し、日本の小野寺五典防衛相は三十日午前、「急に航空機が接近してくるなど特異な状況として公表する事態はない」と否定した。

米政府筋も二十九日、中国側の「緊急発進」の発表に関し、「中国の警戒・監視能力を誇示し、米軍と自衛隊を牽制するための宣伝だ」との見方を示した。

要するに中国政府はただ、自分たちの失敗を内外から覆い隠すために、緊急発進したという嘘の発表を行ったのであろう。決着はすでについたのであった。

以上が、十一月二十三日の中国の防空識別圏設定から一週間の、日米対中国の攻防戦のあらましである。

ここで強調しておきたい最大のポイントはすなわち、特異な防空識別圏の設定によって事実上の「領空拡大」を図ろうとする中国の企みは、この一週間の攻防戦において完全に失敗に終わったということである。

そして、中国側の敗退によって、彼らの設定した防空識別圏はその〝特異〟な部分が骨抜きにされ、ごく普通の防空識別圏になっていること、の二点である。

この二つのポイントをきちんと理解すれば、十一月末から十二月にかけての一連の動きの意味が自ずとわかってくるのであろう。

たとえばアメリカ政府は米航空各社に対し、中国が設定した防空識別圏を米民間航空機が通過する際、飛行計画の事前提出など中国側の要求に従うよう促していた。一部メディアはここに注目し、「日米の足並みの乱れ」と大仰に伝えていた。

だが、おそらくそれは間違っている。アメリカ側は、軍事的意味において中国の防空識別圏をすでに無力化してしまった以上、そして戦略的にすでに中国に勝ってしまった以上、最後のところは大国としての中国の〝最低限の面子〟を保ち、両国関係を維持していくためには、民間機だけの事前通告の容認もやむを得ないとの判断に傾いたのであろう。

大失態を演じた習近平政権をよりいっそうの窮地に追い詰めたくないというオバマ政権の思いもあったと思う。

その後、日本と中国を訪問したバイデン米副大統領は日本側の要請を拒否して、中国に対する防空識別圏の撤回を求めなかったことも問題とされた。

だが、よく考えてみれば、アメリカにしてみれば、特異な防空識別圏の設定によって「領空拡大」を図る中国側の企みはすでに失敗に終わった以上、そしてそれによって中国の防空識別圏はすでにごく普通の防空識別圏になった以上、あえてその撤回を求めなくても良い、ということであろう。

中国メディアが伝えなかったバイデン発言

これには次のような後日談がある。

アメリカ政府は中国の防空識別圏を認めない姿勢を貫いていたのである。バイデン米副大統領が中国を訪問し習近平国家主席と会談した翌日、十二月四日のホワイトハウスの発表によると、バイデン副大統領は、「中国が東シナ海上空に設定した防空識別圏を認めない」と習主席に直接伝え、深い懸念を表明したという。

さらに六日、習主席ら中国指導部との会談の際に、「中国の防空圏内での米軍の作戦行動は影響を一切受けない」として、緊張を高める行動を起こさないようにと中国側に明確に伝えたという。

十二月十二日夜、バイデン米副大統領は日本の安倍晋三首相とも電話会談したが、そのなかでバイデン氏は、習近平国家主席と会談した際、「中国の東シナ海上空の防空識別圏設定は認められない」と直接伝えたことを改めて報告したとされる。

こうした一連の発言からしても、「バイデン副大統領が訪中時に中国側のペースに乗せられて防空識別圏問題に関する態度が軟化した」という一部の報道や分析が単なる揣摩憶測であったことがわかる。

中国との攻防に事実上の決着をつけた後に行われたバイデン副大統領の訪中は、この問題に固執するのではなく、むしろ中国との建設的な関係作りに前向きの姿勢を示すような流れとなったのは、外交的にはむしろ普通のことであろう。

実は大変興味深いことに、バイデン副大統領が中国の習近平国家主席との会談における、「中国の防空識別圏を認めない」とする発言は、中国政府の公式発表からも中国メディアの報道からも削られている。

あたかもバイデン氏が中国滞在中にこの問題について発言していなかったかのような報道の仕方だ。それほど必死になってバイデン氏の発言を国民の目から覆い隠そうとする習近平政権の行動は逆に、自分たちがこの一件で致命的な敗北を喫したことを、彼らはよく知っていることの証左ではないかと思う。

閑話休題

日本が核武装すべき理由

日本は早急に核武装すべきである。これは私の持論だ。

尖閣諸島をめぐる事象を見てもわかるように、日に日に中国共産党政権の脅威が現実のものとなっている。その脅威に対抗していくためには、結局、日本は核武装するしかないのである。

私がここまで危機感を募らせている理由は、最近、中国のインターネットで中国国防大学の張召忠(ちょうしょうちゅう)教授（海軍少将）の論文を目にしたからである。論文のタイトルはずばり「中国が一瞬にして日本を全滅させることはもはや空論ではない」という凄まじいもの。

日本では中国の理不尽で勝手な振る舞いがどんなに目に余ろうと、「中国を全滅させるために日本はどうすべきだ」というようなテーマで話し合ったりはしない。

しかし、中国は違う。

「日本を全滅させるためにはどうすべきか」をテーマに軍人レベルは当然のこと、学者レベル、一般人レベルでも日常茶飯に堂々と語り合われているのである。

張召忠教授は平然と言い放っている。

「尖閣諸島が歴史的に見て日本のものか中国のものなのか、そんなことはどうでもいい。今は弱肉強食の世界だ。われわれが強ければ取り戻すことができる。日本に対しては力でもって対処するしかない」

日本を全滅させるためにはいかなる手段も選ばない。これが今の中国に漂う空気であり、論調であり、現実である。

結局、日本も力でもって対抗するしかない。

さらに張召忠教授は続けた。

「固有の領土とは何か。歴史家はいろいろな根拠を求めて固有の領土であることを証明するのだが、われわれ軍人にすればそれはどうでもいいことだ。領土とは力で奪い取るものだ。戦争の結果以外の何物でもない。ロシアが実力で北方領土を支配したのと同じように、欲しい領土ならば、われわれは実力で獲ればいいのだ」

私は責任を持って言おう。

万が一日本が中国共産党政権の属国になってしまえば、われわれは確実に生存も、安全も、プライドも、独立も、財産も、すべて失ってしまうのだ。それでもいいのか？

第8章

薄熙来事件を総括する

温家宝前首相の不興を買い重慶市党書記に左遷

二〇一三年九月二十二日、収賄と横領、ならびに職権乱用の罪に問われた元重慶市党委書記（元共産党中央政治局員）・薄熙来被告に対し、山東省済南市中級人民法院（地裁にあたる）は、「無期懲役」の判決を言い渡した。

同年十月二十五日、刑は確定した。同時に薄熙来被告の政治的権利の終身剝奪と全財産の没収が決まった。

薄熙来に下された無期懲役判決は、ここ三十年において権力闘争の敗者が受けた量刑のなかで際立って重いものであり、私に言わせれば、なるべくしてそうなったのだ。

なお、イギリス人殺害容疑で裁かれていた薄熙来の妻・谷開来にはすでに執行猶予つきの死刑判決が言い渡されている。本章ではこの事件のあらましを振り返り、中国の派閥争い、権力闘争がいかに熾烈なものであるのかを浮き彫りにしてみたい。

大連市長、国務院商務部長（通産大臣）を歴任してきた薄熙来は本来、太子党の有力者の一人であり、一時は江沢民派（上海閥）の後押しも受けていた。

しかし二〇〇七年、五年後の「ポスト胡錦濤」に向けて共産党指導部の後継者人事が討議された際、薄熙来は胡錦濤総書記と温家宝首相（いずれも当時）の不興を買い、中央の指導者レースから脱落、重慶市へと飛ばされた。

レース自体は、上海閥と共青団派（胡錦涛派）の妥協の結果、上海閥の推す習近平と共青団派の推す李克強がそれぞれ次期総書記候補と次期首相候補におさまった。

だが、後継者人事の最初のレースで敗退した薄熙来はそのまま身を引くつもりは毛頭なかった。次期総書記あるいは首相になれなくても、野心家の彼は次の党大会で決定される政治局常務委員、いわゆるチャイナセブンの一人となって次期最高指導部入りを目指すつもりでいた。

そのためには、重慶市党書記の在任中に、世間をあっと言わせるほど突出した実績を作らなければならなかったのである。

多くの権力者たちの恨みを買った黒社会撲滅運動

薄熙来が重慶市での実績作りの目玉として尽力したのは「黒社会撲滅運動」の展開であった。重慶市の共産党幹部（特に公安幹部）と黒社会との癒着構造にメスを入れ、有力者たちを次から次へと摘発、葬り去っていった。重慶市の元司法局長の文強（ぶんきょう）が摘発されて死刑に処されたのはその一例である。

この撲滅運動は庶民からの喝采を博して、重慶市のみならず全国における薄熙来人気を高めることになったが、反面、多くの権力者たちの恨みを買った。

重慶市の前任の党書記は、広東省党書記の汪洋（現副首相）だった。共産主義青年団出身幹部の彼は胡錦濤前総書記がもっとも可愛がっている子飼い幹部の一人である。

薄熙来の黒社会撲滅運動は結局、汪洋が重慶市党書記在任中に抜擢した幹部の多くを粛清することになった。こうしたやり方は中国の権力の世界において、前任者とその派閥に対する、つまり汪洋と胡錦濤率いる共青団派に対する敵対行為だと見なされても仕方がない。

一方、黒社会撲滅運動は上海閥の顰蹙（ひんしゅく）も買った。

なぜなら、上海をはじめとする多くの都市で、黒社会を含めた民間の利益集団と政治権力との癒着構造（利権構造）を作り上げている中心勢力はまさに上海閥であったからだ。彼らからすれば、薄熙来のやり方は自分たちに弓を向けてきたようなものであった。

その結果、薄熙来は共青団派からも上海閥からも見放されることになった。

というよりもむしろ、共青団派にも上海閥にも彼を葬り去らなければならない理由ができた。さらに派閥間の利害関係を超えて、中央指導部全体にとり薄熙来を許せない理由もあった。

彼が重慶市で展開していた政治運動のすべては、要するにポピュリズム政治を展開して民衆の歓心を買い、今度は民衆からの支持をバックにして中央に圧力をかけ、それをもって自らの政治局常務委員入りを果たそうとするものであったからだ。中央指導部の目から見れば、それは間違いなく一種の〝下剋上〟となる。

もし全国の地方幹部が薄熙来に倣って同じようなことをやれば、中央の統制は効かなくなり、政権が空中分解しかねない。薄熙来は結局、中央指導部全体にとっておおいなる厄介者となったのである。

しかし薄熙来には庶民に絶大な人気があり、大きな勢力を持つ太子党の一員でもあるから、上海閥にしても共青団派にしても、あるいは中央指導部にしても、彼を〝屠(ほふ)る〟ためには、人の目を欺くような巧妙な方法を講じなければならなかった。

共青団派への全面降伏も解任

そこで、薄熙来を葬り去ろうとする勢力は一計を案じた。

まず、彼の側近幹部として黒社会撲滅運動の陣頭指揮をとった重慶市元副市長・公安局長の王立軍（おうりつぐん）に狙いを定め、王立軍への汚職調査を始めた。

ところが、本来なら王立軍を守らなければならない立場の薄熙来は先手を打って、王立軍を解任した。自己保身のために王立軍を切り捨てたのである。

薄熙来の腹黒さに戦慄した王立軍は、変装して薄熙来の監視から逃れ、アメリカ合衆国駐成都総領事館に逃げ込んだ。

王立軍はアメリカ政府から命の保証を取り付ける見返りとして、当然ながら、中国共産党内の多くの機密を明け渡したのであろう。

おそらく両国政府の間で王立軍の命を保証するための「密約」が交わされた後、彼は「自らの意向にしたがって」、アメリカ総領事館を後にしたものと思われる。

王立軍は直ちに中国の国家安全部により北京に連行され取り調べを受けたが、この前代未聞の事件により窮地に立たされたのは言うまでもなく、王立軍の上司であり、彼を抜擢した張本人の薄熙来であった。

このままでは最高指導部入りの夢が破れてしまうだけでなく、政治生命さえ断たれてしまう危険性もある。そこで薄熙来が取った保身のための政治行動は胡錦濤総書記への全面降伏であった。

地元新聞の『重慶日報』が伝えたところによると、薄熙来は王立軍の事件が明るみになった直後、重慶市共産党常務委員会議を開き、重慶市の今後の発展に関する「三・一四綱領」の実施を正式に決めたという。

その三・一四綱領とは、二〇〇七年三月十四日、五年に一度の全人代において胡錦濤総書記が重慶市代表団の会議で講話し、重慶市の「経済・社会の発展」に関して一連の重要指示を行い、その内容を薄熙来がまとめたものである。

しかしよく考えてみれば、それはいかにも奇妙なことであった。

胡錦涛講話は二〇〇七年三月に行われたもので、同年十一月に薄熙来は重慶市の共産党書記に任命され、以来五年間、重慶市のトップであり続けた。しかしこの五年間、薄熙来は一度も胡錦濤講話を取り上げて綱領と名付けたり、その実施を呼びかけたりしたことはなかった。いや、逆に無視し続けてきた。

それなのにここに至って、薄熙来は突如この五年前の講話を蒸し返して、「重慶市発展の指針となる総綱領」だと褒め称えた上で、その全面的実施を正式決定した。まさに滑稽この上ない政治的茶番と言うしかない。

だがその目的は言うまでもなく、胡錦濤総書記に政治的忠誠心を示し、共青団派への全面降伏の意思を示すことによって、自らの生き残りを図ることであった。

政治闘争に敗れた薄熙来は必死で胡錦濤総書記に命乞いをするしかなかったのである。

そうした流れのなかで中央指導部から下された決断は薄熙来の電撃解任であった。

これにより薄熙来の次期最高指導部入りは完全に阻止されたのと同時に、その政治生命も断たれた。薄熙来は終わったのである。

党内きっての野心家の薄熙来はその野心の大きさが故に共産党内の政治闘争の哀れな失敗者の一人となった。

不可解な毛沢東回帰運動

薄熙来が電撃的に解任された後、地元の重慶市では実に興味深い光景が見られた。

この後に重慶市の共産党委員会書記になったのは孫政才。前吉林省党委書記で若手の有望株。その孫政才の下、市の党幹部、警察および解放軍警備区の将兵たちがいっせいに動員され、「党中央の決定を支持する」総動員型キャンペーンが繰り広げられた。

地元の幹部のみならず、普通の市民までがメディアに登場し、「われわれ重慶市民は党中央との思想統一を保つ決意だ」との決まり文句を唱和するほどの徹底ぶりであった。

要するに、党中央は重慶市における薄熙来の影響力の排除に全力を挙げたわけである。だが、そのことは逆に、薄熙来の影響力が地元の党・軍・警察から一般市民にいたるまで広く浸透していることを物語っていた。

重慶市在任中の四年余り、薄熙来は黒社会撲滅運動（打黒）や毛沢東時代の「革命歌謡曲」を歌うキャンペーン（唱紅）を展開する一方、貧富の格差の拡大や腐敗の蔓延などに対する民衆の不満を和らげるための諸政策を独自に講じてきた。

当時私が不思議に思っていたのは、薄熙来が重慶市の共産党幹部から子供まで全市民を巻き込み、毛沢東時代に戻ろうと呼びかける「毛沢東回帰運動」を展開していたことだった。この運動に染まった中国の知人はこう語っていた。

「鄧小平路線は完全に間違っている。マルクス主義・毛沢東思想の正しい道に戻らなければならない。政治的には反共産主義思想の持ち主を徹底的に粛清して、経済的には腐敗の根源である市場経済を完全に廃止して、すべての富と企業を国有化して政府の管理下におくのだ。一九四九年に毛主席がこの中国でやったことをもう一度やるのだ。それで中国の民衆が救われるのだ」と。

彼は鄧小平路線を完全否定する一方で、毛沢東時代に敷かれた政治・経済路線に対しては盲目的に〝美化〟していた。

文化大革命の毛沢東時代とそれに続く鄧小平の改革時代の両方を実際に体験した私にすれば、このような考え方はとうてい承服できないものであった。

たしかに今の中国は、歴史上もっとも汚くて残酷な資本主義社会になっており、一般民衆はまさにこの世の地獄を体験している。世界一と思われる貧富の格差や裁判官までもが賄賂を受け取る腐敗社会をつくり上げた共産党政権は許しがたい。

しかし中国の問題は、果たして毛沢東に戻ることで解決できるのだろうか。中国民衆は毛沢東統治下の二十七年、未曾有の恐怖政治で苦しめられてきた。多くの人々が無残に殺され、基本的人権は完全に踏みにじられてきた。なぜ今再び毛沢東の亡霊にすがろうとしているのか、私にはどうしても理解できなかった。

薄熙来人気の裏側で充満する民衆の不満

だが、薄熙来の毛沢東回帰運動は奏功した。

地元での薄熙来人気が高まり、彼はいつの間にか「民衆の声を代弁するカリスマ政治家」との名声を得るに至った。

そして野心家の薄熙来は、民衆からの支持をテコにして党中央に圧力をかけ、次の党大会における自らの昇進を図ろうとした。

しかしながら、前述したように、このような下克上的政治手法は結局、党中央指導部から強く警戒され、彼の失脚の原因となった。

だが、薄熙来の失脚はまた、党中央にとって厄介な問題を生み出してしまった。「民衆の声を代弁する政治家の受難」は逆に彼の名声をよりいっそう高めて、彼のことを「悲劇の英雄」に仕立ててしまう恐れが出てきたからである。

現に失脚直後から、中国国内では薄熙来を賛美したり英雄視したりする声が続々と上がってきていた。

たとえば、河南省のウェブサイト『商都網』は、「重慶市前党委書記薄熙来が語る、われわれは民主と法治の道を歩む」とのタイトルの長編記事を掲載して、「打黒唱紅」を含めた薄の実績を列挙して称えた。

中国十大ポータルサイトの一つに数えられる「21CN」は薄熙来在任中の重慶市の経済建設の業績に焦点を当て、さまざまな統計数値を挙げながら、「薄前党委書記の指導下で重慶の経済は大いに躍進し、民衆の生活に安泰をもたらした」と主張した。

また、江蘇省共産党宣伝部管轄下のウェブサイト『龍虎網』は、薄熙来自筆の手紙を公開、「旗幟鮮明にして真理を守らなければならない」という彼の言葉を大きく取り上げた。

あたかも薄熙来のことを、「真理を守るために身を捨てた英雄」と賛美しているかのような取り扱い方であった。

このように、薄熙来の解任に踏み切った中央指導部の意思が明確になった後でも、地方で薄賛美の動きがあからさまに出ていることは、中央指導部の権威低下を示していると同時に、薄熙来人気の根強さを浮き彫りにしている。

その背後にあるのはもちろん、貧富の格差の拡大や腐敗の蔓延に対する民衆の不満の高まりであることは前述の通りである。だとすれば、いまの共産党指導部にとって、薄の解任は問題の終結ではなくむしろ問題の始まりであろう。

薄を葬り去るのは簡単だが、これまで彼の存在によって代弁されてきた民衆の不満をいかにして吸収していくのか。

それこそが今後の共産党指導部が直面する最大の問題となる。

閑話休題

六月四日に思いを馳せること

六月四日は私にとって終生忘れ難い日である。

二十五年前、一九八九年六月四日、北京の天安門広場を本拠に民主化運動を展開した学生や市民に対し、中国共産党指導部は戦車部隊まで出動させ、血の鎮圧を行った。中国現代史のもっとも暗黒な一幕である。

私自身まさにこの日に、〝心の死〟を体験し、中華人民共和国に対して精神的決別を告げた。

それから四半世紀の歳月が流れたが、かの国では何が起きたのだろうか。

一九九二年二月、血の鎮圧の決定者であった鄧小平は有名な南巡講話を行い、「経済の発展がすべてだ」と語って市場経済への全面的移行を呼びかけた。

それ以来、中国は経済発展一辺倒の時代に突入して、成長と繁栄のわが世の春を迎えた。いまから考えてみれば、この時代の出発点となった南巡講話の根っこは、やはり天安門事件にあったのではないか。

つまり鄧小平は、人民とエリートたちを市場経済のなかに誘い込み、富の追求に狂奔させることによって天安門事件に対する彼らの記憶を希薄にし、経済の成長と繁栄をもって血の鎮圧を〝正当化〟しようとしたのである。

その一方、天安門事件の直後に誕生した江沢民政権は、南巡講話の発表とほぼ同じ時期にもう一つの国策級の戦略を打ち出した。

反日教育の推進とセットにした愛国主義精神高揚運動の展開である。

実はそれもまた、天安門を強く意識した共産党政権の策略であろう。国民の憎しみを日本という〝外敵〟に向かわせて共産党の犯した罪をもみ消し、崩壊した共産主義の神話に取って代わって「愛国主義」を政権維持の新しいイデオロギーに奉ったわけである。

言ってみれば、九〇年代初頭から中国の二大潮流となった経済成長と愛国主義精神高揚運動の展開は、いずれも共産党政権による「天安門善後策」の産物であると理解できよう。そして、この十数年間における中国の政治的安定と経済の繁栄は、政権の善後策が挙げた魔術的な成果であると言ってよいだろう。

しかし、そうした安定と繁栄の時代をもたらした共産党政権の魔術は、いよいよその効力を失おうとしている。

二〇〇五年春、反日教育によって育てられた愛国青年たちが巻き起こした反日デモの嵐は、反政府運動へと転化する危うさを知らしめた。以来、共産党政権は「愛国攘夷」というもろ刃の剣を安易に使えなくなったのである。そして今、二〇〇八年からの世界同時不況の影響を受け、対外依存型の中国の高度成長もいよいよその終焉を告げようとしている。

　その一方、政治改革を頑なに阻みながら資本主義的市場経済をひたすら広げる鄧小平路線が推進された結果、貧富の格差の拡大や腐敗の蔓延などの深刻な問題が生じてきて、政権に対する国民の不満が日増しに高まってきている。

　そして、国民的不満の高まりを背景にした毛沢東崇拝は一種の社会的風潮となっており、体制崩壊への切迫した危機感から、政権による「先軍政治」推進の兆しが見え始めたのである。

　天安門事件から四半世紀、中国はふたたび、混迷と激動の時代を迎えようとしている。血の鎮圧を代償にして図られた成長と繁栄が音を立てて崩れるのは当然の報いだが、この巨大国家の今後の行方は東アジアにとって最大の懸念であろう。

　二十五年前のこの日、若き命を失ったわが同志たちの魂は、いつになったら浮かばれるのだろうか。

●著者略歴
石平（せき・へい）
1962年中国四川省成都生まれ。北京大学哲学部卒業。四川大学哲学部講師を経て、1988年来日。神戸大学大学院文化学研究科博士課程修了。民間研究機関勤務ののち評論活動へ。現在は日中関係問題を中心に、執筆・発言を展開する。
2007年末、日本に帰化。2008年4月拓殖大学客員教授就任。主な著書に『売国奴【新装版】』（黄文雄、呉善花との共著）、『なぜ中国人はこんなに残酷になれるのか』（いずれもビジネス社）、『もう、この国は捨て置け！』（ワック）など多数。

著者公式サイト　www.seki-hei.com

編集協力／和田憲治（オンザボード）、加藤　鉱
撮影／外川　孝

世界征服を夢見る嫌われ者国家中国の狂気

2014年6月20日　　第1刷発行

著　者　石　平
発行者　唐津　隆
発行所　株式会社ビジネス社
〒162-0805　東京都新宿区矢来町114番地
神楽坂高橋ビル5階
電話　03(5227)1602　FAX 03(5227)1603
http://www.business-sha.co.jp

カバー印刷・本文印刷・製本/半七写真印刷工業株式会社
〈カバーデザイン〉上田晃郷　〈本文DTP〉茂呂田剛（エムアンドケイ）
〈編集担当〉本田朋子　〈営業担当〉山口健志

ISBN978-4-8284-1757-8